Impressum
Verlag: BABADADA GmbH, Nedderfeld 112 , 22529 Hamburg
Geschäftsführer / Verlagsleitung: Harald Hof
Druck: Books on Demand GmbH, In de Tarpen 42, 22848 Norderstedt

Imprint
Publisher: BABADADA GmbH, Nedderfeld 112 , 22529 Hamburg, Germany
Managing Director / Publishing direction: Harald Hof
Print: Books on Demand GmbH, In de Tarpen 42, 22848 Norderstedt

school

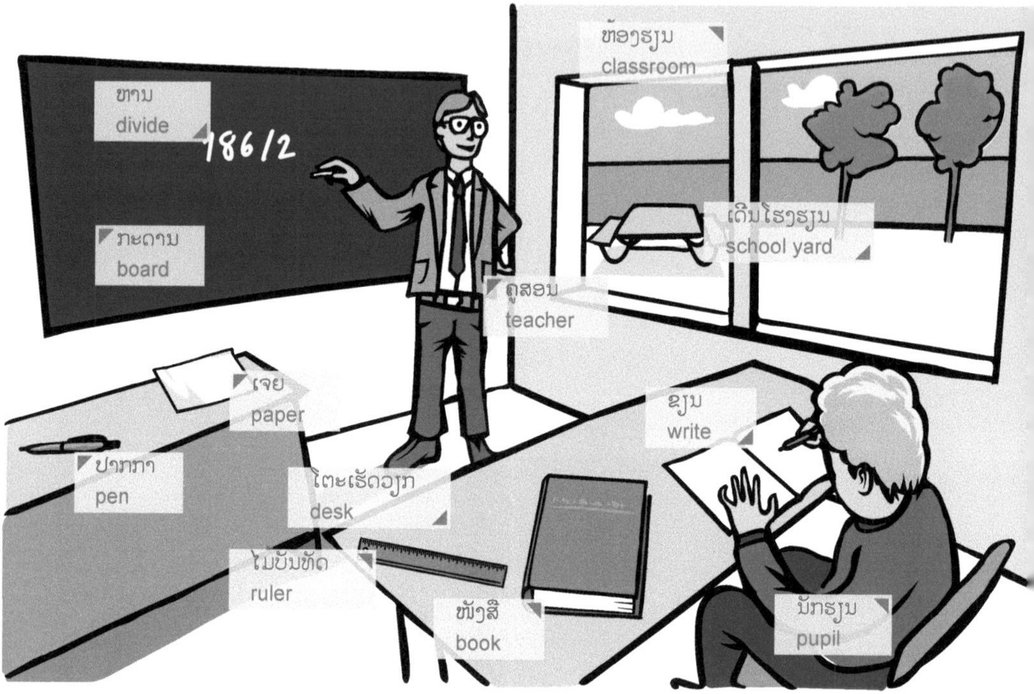
ຫ້ອງຮຽນ
classroom
ຫານ
divide
186/2
ກະດານ
board
ເດີ່ນໂຮງຮຽນ
school yard
ຄູສອນ
teacher
ເຈ້ຍ
paper
ຂຽນ
write
ປາກກາ
pen
ໂຕະເຮັດວຽກ
desk
ໄມ້ບັນທັດ
ruler
ໜັງສື
book
ນັກຮຽນ
pupil

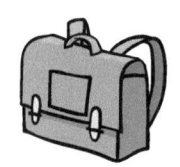

ກະເປົາໃສ່ປຶ້ມທີ່ມີສາຍພາຍ

satchel

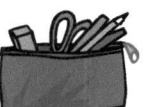

ກັບສໍດໍາ

pencil case

ສໍດໍາ

pencil

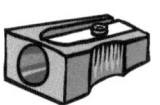

ເຄື່ອງແຫຼມສໍ

pencil sharpener

ຢາງລຶບ

rubber

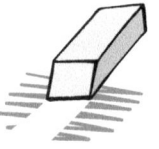

ສະໝຸດແຕ້ມຮູບ

drawing pad

ພາບວາດ

drawing

ແປງທາສີ

paintbrush

ກ່ອງສີ

paint box

ມິດຕັດ

scissors

ກາວ

glue

ປຶ້ມເຝິກຫັດ

exercise book

ວຽກບ້ານ

homework

ຕົວເລກ

number

บอก

add

ລົບ

subtract

ຄູນ

multiply

ຄິດໄລ່

calculate

A

ຕົວອັກສອນ

letter

ABCDEFG
HIJKLMN
OPQRSTU
VWXYZ

ພະຍັນຊະນະ

alphabet

ຄຳສັບ

word

ຂໍ້ຄວາມ

text

ອ່ານ

read

ສໍຂາວ

chalk

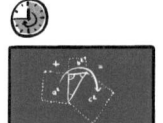

ບົດຮຽນ

lesson

ລົງທະບຽນ

register

ການສອບເສັງ

examination

ໃບຢັ້ງຢືນ

certificate

ຊຸດນັກຮຽນ

school uniform

ການສຶກສາ

education

ປຶ້ມຮວບຮວມຄວາມຮູ້ສາລະພັດ

encyclopedia

ມະຫາວິທະຍາໄລ

university

ກ້ອງຈຸລະທັດ

microscope

ແຜນທີ່

map

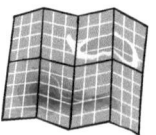

ກະຕ່າໃສ່ເສດເຈ້ຍ

waste-paper basket

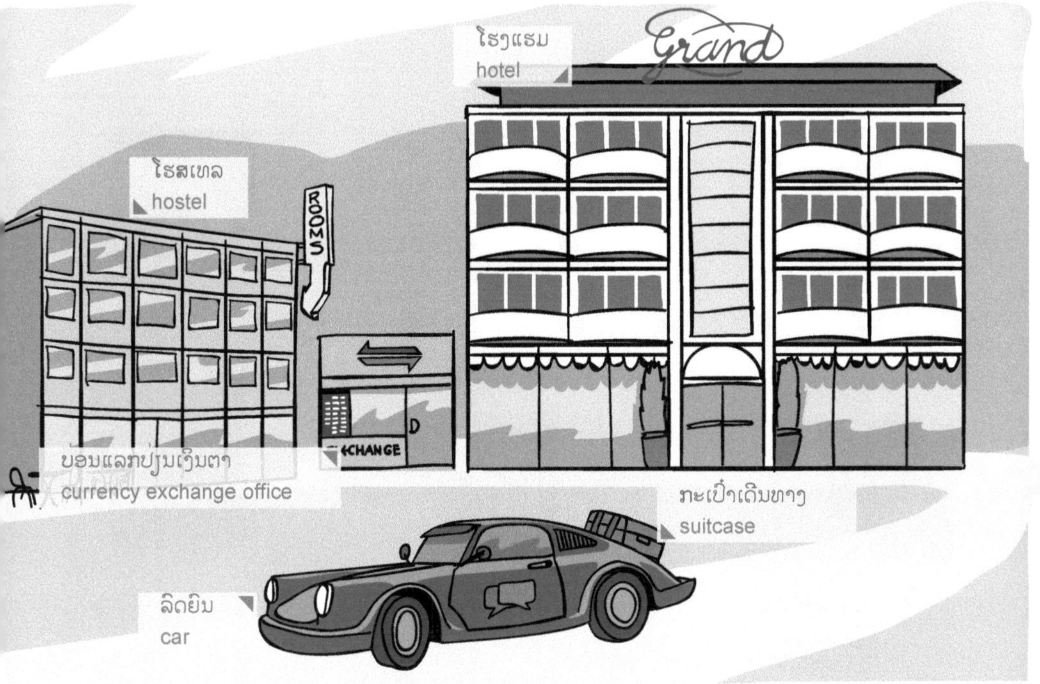

ໂຮງແຮມ
hotel
Grand
ໂຮສເທລ
hostel
ROOMS
EXCHANGE
ບ່ອນແລກປ່ຽນເງິນຕາ
currency exchange office
ກະເປົາເດີນທາງ
suitcase
ລົດຍົນ
car

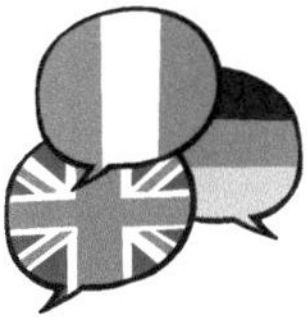

ພາສາ
language

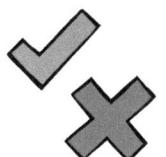

ແມ່ນ / ບໍ່ແມ່ນ
yes / no

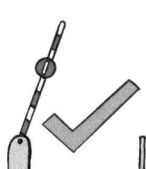

ຕົກລົງ
Okay

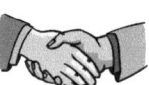

ສະບາຍດີ
hello

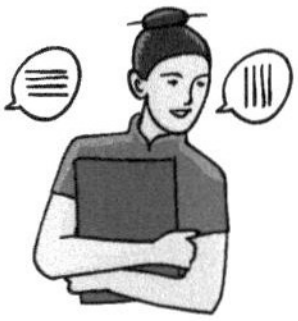

ນັກແປພາສາ
translator

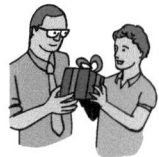

ຂອບໃຈ
Thank you

ລາຄາເທົ່າໃດ...?

how much is...?

ຂ້ອຍບໍ່ເຂົ້າໃຈ

I don´t get it

ບັນຫາ

problem

ສະບາຍດີຕອນແລງ!

Good evening!

ສະບາຍດີຕອນເຊົ້າ!

Good morning!

ລາຕິສະຫວັດ

Good night!

ລາກ່ອນ

goodbye

ທິດທາງ

direction

ກະເປົ໋າເດີນທາງ

luggage

ກະເປົ໋າ

bag

ກະເປົ໋າພາຍຫຼັງ

backpack

ແຂກ

guest

ຫ້ອງ

room

ຖົງໃສ່ເຄື່ອງນອນ

sleeping bag

ເຕັ້ນ

tent

ຂໍ້ມູນນັກທ່ອງທ່ຽວ

tourist information

ຊາຍຫາດ

beach

ບິດເຄรดิด

credit card

ອາຫານເຊົ້າ

breakfast

ອາຫານທ່ຽງ

lunch

ອາຫານແລງ

dinner

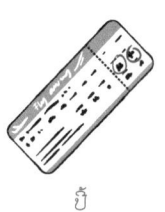

ປີ້

Ticket

ລິຟ

elevator

ສະແຕມ

stamp

ພົມແດນ

border

ພາສີ

customs

ສະຖານທູດ

embassy

ວີຊາ

visa

ໜັງສືຜ່ານແດນ

passport

transport

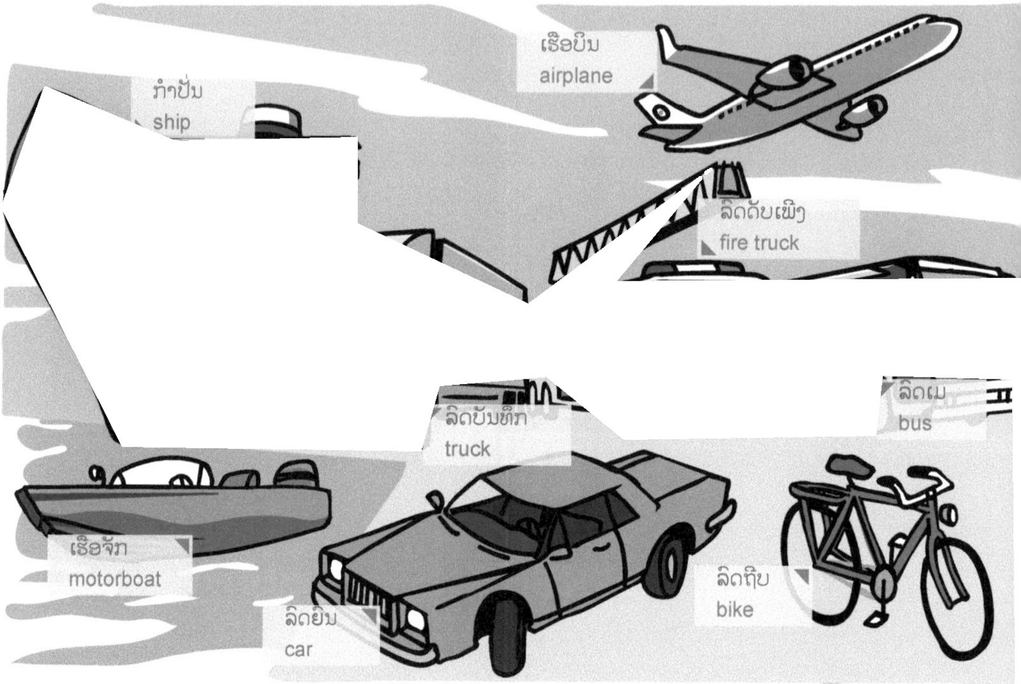
ເຮືອບິນ
airplane
ກຳປັ່ນ
ship
ລົດດັບເພີງ
fire truck
ລົດບັນທຸກ
truck
ລົດເມ
bus
ເຮືອຈັກ
motorboat
ລົດຍົນ
car
ລົດຖີບ
bike

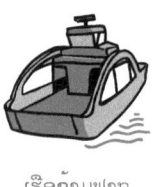

ເຮືອຂ້າມຟາກ

ferry

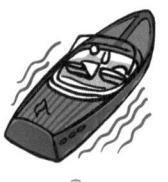

ເຮືອ

boat

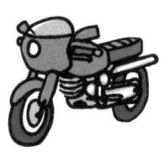

ລົດຈັກ

motorbike

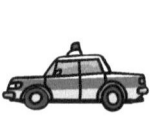

ລົດຕຳຫຼວດ

police car

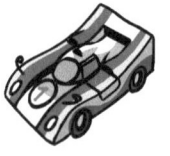

ລົດແຂ່ງ

racing car

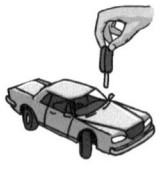

ລົດເຊົ່າ

rental car

ການແບ່ງປັນກັບໃຊ້ລົດ

car sharing

ລົດລາກ

tow truck

ລົດຂົນຂີ້ເຫຍື້ອ

garbage truck

ເຄື່ອງຍົນ

engine

ເຊື້ອໄຟ

fuel

ປ້ຳນ້ຳມັນ

fuel station

ປ້າຍຈາລະຈອນ

traffic sign

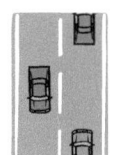

ການຈາລະຈອນ

traffic

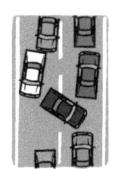

ການຈາລະຈອນຕິດຂັດ

traffic jam

ບ່ອນຈອດລົດ

parking lot

ສະຖານີລົດໄຟ

train station

ລາງລົດໄຟ

tracks

ລົດໄຟ

train

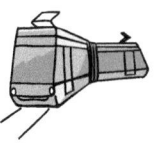

ລົດລາງ

tram

ຕູ້ລົດໄຟ

wagon

ເຮລິຄອບເຕີ

helicopter

ສະໜາມບິນ

airport

ຫໍຄອຍ

tower

ຜູ້ໂດຍສານ

passenger

ຕູ້ບັນຈຸສິນຄ້າ

container

ກ່ອງເຈ້ຍ

carton

ກວງນ

cart

ກະຕ່າ

basket

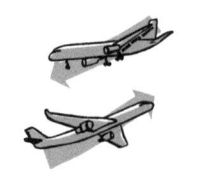

ເຮືອບິນຂຶ້ນ / ເຮືອບິນລົງຈອດ

take off / land

city

ບ້ານ

village

ໃຈກາງເມືອງ

city center

ເຮືອນ

house

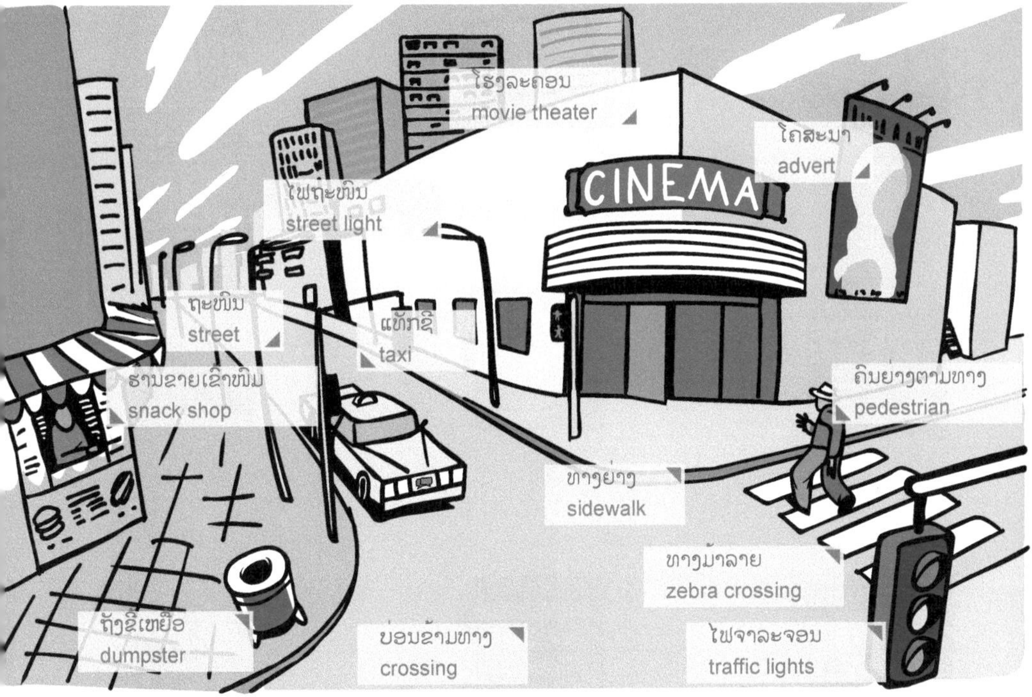

ໂຮງລະຄອນ movie theater

ໂຄສະນາ advert

CINEMA

ໄຟຖະໜົນ street light

ຖະໜົນ street

ແທັກຊີ taxi

ຮ້ານຂາຍເຂົ້າໜົມ snack shop

ຄົນຍ່າງຕາມທາງ pedestrian

ທາງຍ່າງ sidewalk

ທາງມ້າລາຍ zebra crossing

ຖັງຂີ້ເຫຍື້ອ dumpster

ບ່ອນຂ້າມທາງ crossing

ໄຟຈາລະຈອນ traffic lights

ຕູບ
hut

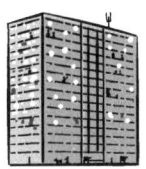

ແຟລດ
apartment

ສະຖານີລົດໄຟ
train station

ໂຮງການເມືອງ
city hall

ຫໍພິພິດຕະພັນ
museum

ໂຮງຮຽນ
school

ມະຫາວິທະຍາໄລ

university

ທະນາຄານ

bank

ໂຮງໝໍ

hospital

ໂຮງແຮມ

hotel

ຮ້ານຂາຍຢາ

pharmacy

ຫ້ອງການ

office

ຮ້ານຂາຍໜັງສື

book shop

ຮ້ານຄ້າ

shop

ຮ້ານຂາຍດອກໄມ້

flower shop

ຊູບເປີມາກເກັດ

supermarket

ຕະຫຼາດ

market

ຫ້າງສັບພະສິນຄ້າ

department store

ຮ້ານຂາຍປາ

fishmonger's shop

ສູນການຄ້າ

mall

ທ່າເຮືອ

harbor

ສວນສາທາລະນະ

park

ແປ້ນມ້າ

bench

ຂົວ

bridge

ຂັ້ນໃດ

stairs

ລົດໄຟໃຕ້ດິນ

subway

ອຸໂມງ

tunnel

ປ້າຍລົດເມ

bus stop

ຮ້ານຂາຍເຫຼົ້າ

bar

ຮ້ານອາຫານ

restaurant

ຕູ້ໄປສະນີ

postbox

ປ້າຍຊື່ຖະໜົນ

street sign

ມິເຕີເກັບຄ່າຝາກລົດ

parking meter

ສວນສັດ

zoo

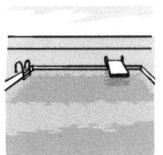

ສະລອຍນ້ຳ

swimming pool

ວັດມຸດສະລິມ

mosque

ຟາມ

farm

ມົນລະພິດ

pollution

ສຸສານ

cemetery

ໂບດ

church

ເດີ່ນຫຼິ້ນຂອງເດັກນ້ອຍ

playground

ອັດມຸດສະລິມ

temple

landscape

ໃບໄມ້
leaf

ປ້າຍບອກທາງ
signpost

ທາງ
path

ທົ່ງຫຍ້າ
meadow

ກ້ອນຫີນ
stone

ຕົ້ນໄມ້
tree

ນັກເດີນທາງໄກດ້ວຍການຍ່າງ
hiker

ແມ່ນ້ຳ
river

ຫຍ້າ
grass

ດອກໄມ້
flower

ຮ່ອມພູ

valley

ເນີນເຂົາ

hill

ທະເລສາບ

lake

ປ່າ

forest

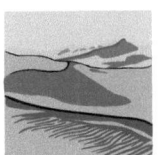

ທະເລຊາຍ

desert

ພູເຂົາໄຟ

volcano

ທຳປະສາດ

castle

ຮຸ້ງກິນນ້ຳ

rainbow

ເຫັດ

mushroom

ຕົ້ນປາມ

palm tree

ຍຸງ

mosquito

ແມງວັນ

fly

ມົດ

ant

ເຜິ້ງ

bee

ແມງມຸມ

spider

ແມງປິກແຂງ

beetle

ກົບ

frog

ກະຮອກ

squirrel

ເໝັ້ນ

hedgehog

ກະຕ່າຍປ່າ

hare

ນົກເຄົ້າ

owl

ນົກ

bird

ຫົງ

swan

ໝູປ່າຕົວຜູ້

boar

ກວາງ

deer

ກວາງໃຫຍ່

moose

ເຂື່ອນ

dam

ພາກຍນ

wind turbine

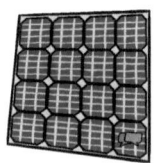

ແຜງໂຊລາເຊລ

solar panel

ສະພາບອາກາດ

climate

restaurant

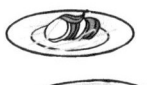

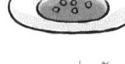

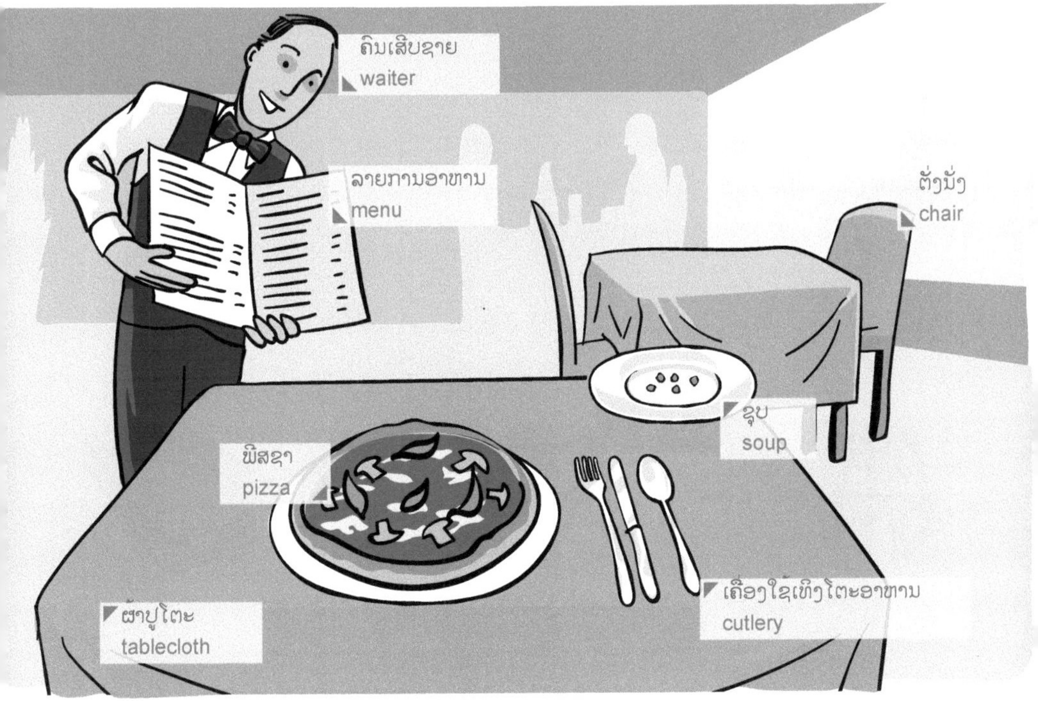

ຄົນເສີບຊາຍ
waiter
ລາຍການອາຫານ
menu
ຕັ່ງນັ່ງ
chair
ຊຸບ
soup
ພິສຊາ
pizza
ເຄື່ອງໃຊ້ເທິງໂຕະອາຫານ
cutlery
ຜ້າປູໂຕະ
tablecloth

ອາຫານເລີ່ມຕົ້ນ

starter

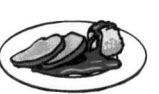

ອາຫານຈານຫຼັກ

main course

ຂອງຫວານ

dessert

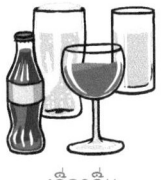

ເຄື່ອງດື່ມ

drinks

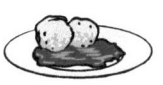

ອາຫານ

food

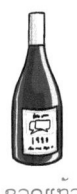

ຂວດແກ້ວ

bottle

ອາຫານຈານດ່ວນ

fast food

ຮ້ານຂ້າງທາງ

street food

ເຕົ້ານ້ຳຊາ

teapot

ຖ້ວຍນ້ຳຕານ

sugar bowl

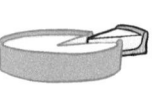

ສ່ວນແບ່ງອາຫານສຳລັບໜຶ່ງຄົນ

portion

ເຄື່ອງຊົງກາເຟເອສເປຣສໂຊ

espresso machine

ເກົ້າອີ້ສູງ

high chair

ໃບເກັບເງິນ

bill

ຖາດ

tray

ມີດ

knife

ສ້ອມ

fork

ບ່ວງ

spoon

ຊ້ອນຊາ

teaspoon

ຜ້າເຊັດປາກຢູ່ໂຕະອາຫານ

serviette

ຈອກແກ້ວ

glass

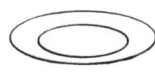

ຈານ

plate

ຈານຊຸບ

soup plate

ຈານຮອງ

saucer

ຊອສ

sauce

ກະປຸກເກືອ

salt shaker

ກະປຸກພິກໄທ

pepper mill

ນ້ຳສົ້ມສາຍຊູ

vinegar

ນ້ຳມັນພືດ

oil

ເຄື່ອງເທດ

spices

ຊອສໝາກເດັ່ນ

ketchup

ຜັກຈຳພວກຜັກກາດ

mustard

ມາຍອນເນສ

mayonnaise

supermarket

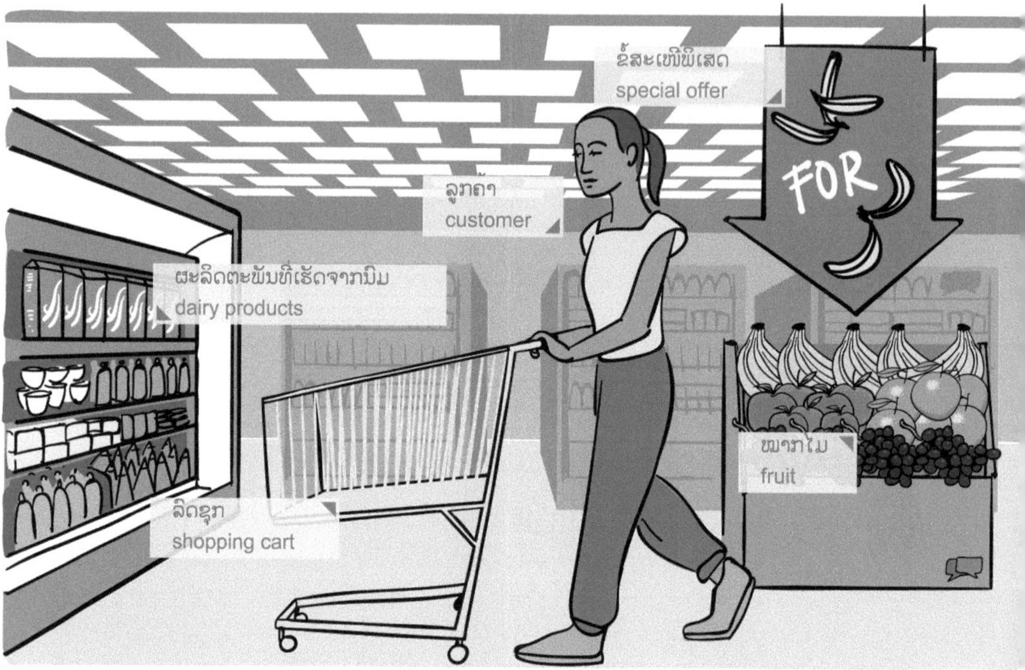

ຂໍ້ສະເໜີພິເສດ
special offer
FOR
ລູກຄ້າ
customer
ຜະລິດຕະພັນທີ່ເຮັດຈາກນົມ
dairy products
ໝາກໄມ້
fruit
ລົດຊຸກ
shopping cart

BUTCHERS

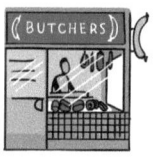

ຮ້ານຂາຍຊີ້ນ

butcher's shop

BAKERY

ຮ້ານຂາຍເຂົ້າໜົມປັງ

bakery

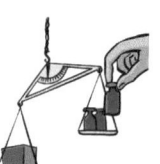

ຊັ່ງນ້ຳໜັກ

weigh

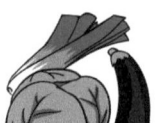

ຜັກ

vegetables

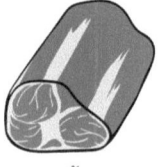

ຊີ້ນ

meat

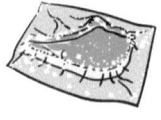

ອາຫານແຊ່ແຂງ

frozen food

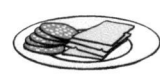

ຊິ້ນເຢັນ

cold cuts

ອາຫານກະປ໋ອງ

canned food

ແຟ່ບຊັກເຄື່ອງ

detergent

ເຂົ້າໜົມຫວານ

candy

ຜະລິດຕະພັນໃນຄົວເຮືອນ

household products

ຜະລິດຕະພັນທຳຄວາມສະອາດ

cleaning products

ພະນັກງານຂາຍຍົ່ງ

sales representative

ເຄື່ອງຄິດເງິນ

cash register

ພະນັກງານເກັບເງິນ

cashier

ລາຍການຊື້ເຄື່ອງ

shopping list

ເວລາເປີດເຮັດວຽກ

opening hours

ກະເປົາເງິນ

wallet

ບັດເຄຣດິດ

credit card

ຖົງ

bag

ຖົງຢາງ

plastic bag

ນ້ຳ

water

ນ້ຳໝາກໄມ້

juice

ນົມ

milk

ໂຄກ

coke

ວາຍ

wine

ເບຍ

beer

ເຫຼົ້າ

alcohol

ໂກໂກ້

cocoa

ຊາ

tea

ກາເຟ

coffee

ເອສເປຣສໂຊ

espresso

ຄາປູຊິໂນ

cappuccino

ໝາກກ້ວຍ

banana

ແອັບເປິ້ນ

apple

ໝາກກ້ຽງ

orange

ໝາກໂມ

melon

ໝາກນາວ

lemon

ຫົວກະຮິດ

carrot

ຜັກທຽມ

garlic

ຕົ້ນໄຜ່

bamboo

ຫອມບົ່ວ

onion

ເຫັດ

mushroom

ຖົ່ວ

nuts

ເສັ້ນໝີ່

noodles

ສະປາແກັດຕີ້
spaghetti

ເຂົ້າ
rice

ສະຫຼັດ
salad

ມັນຝລັ່ງທອດ
fries

ມັນຝລັ່ງທອດ
fried potatoes

ພິສຊາ
pizza

ແຮມເບີເກີ້
hamburger

ແຊນວິດຈ໌
sandwich

ຊີ້ນຕິດກະດູກ
escalope

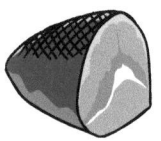

ແຮມ
ham

ໄສ້ກອກແຫ້ງຊາລາມິ
salami

ໄສ້ກອກ
sausage

ໄກ່
chicken

ຍ້າງ
roast

ປາ
fish

ເຂົ້າປຸກເຂົ້າໂອດ

porridge oats

ອາຫານຊະນິດເປັນມັດກອບ

muesli

ເຂົ້າຊ້ອຍເປັນປ່ຽງນ້ອຍໆ

cornflakes

ເຂົ້າແປ້ງ

flour

ເຂົ້າຈີ່ຊະນິດຂີ້ງມີຮູບເຄິ່ງເຄິ່ງ
ໝວຍ

croissant

ເຂົ້າໜົມປັ້ງແບບມ້ອນ

bread roll

ເຂົ້າໜົມປັ້ງ

bread

ເຂົ້າໜົມປັ້ງປີ້ງ

toast

ເຂົ້າໜົມປັ້ງຊະນິດກ້ອນນ້ອຍ

cookies

ເບີຍ

butter

ນ້ານົມແຂ້ນ

curd

ເຄກ

cake

ໄຂ່

egg

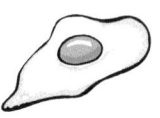

ໄຂ່ດາວ

fried egg

ເບີຍແຂງ

cheese

ກະແລ້ມ

ice cream

ນ້ຳຕານ

sugar

ນ້ຳເຜິ້ງ

honey

ແຢມ

jelly

ຊ້ອກໂກແລັດຄຣີມສະເປຣດ

nougat cream

ກະລີ່

curry

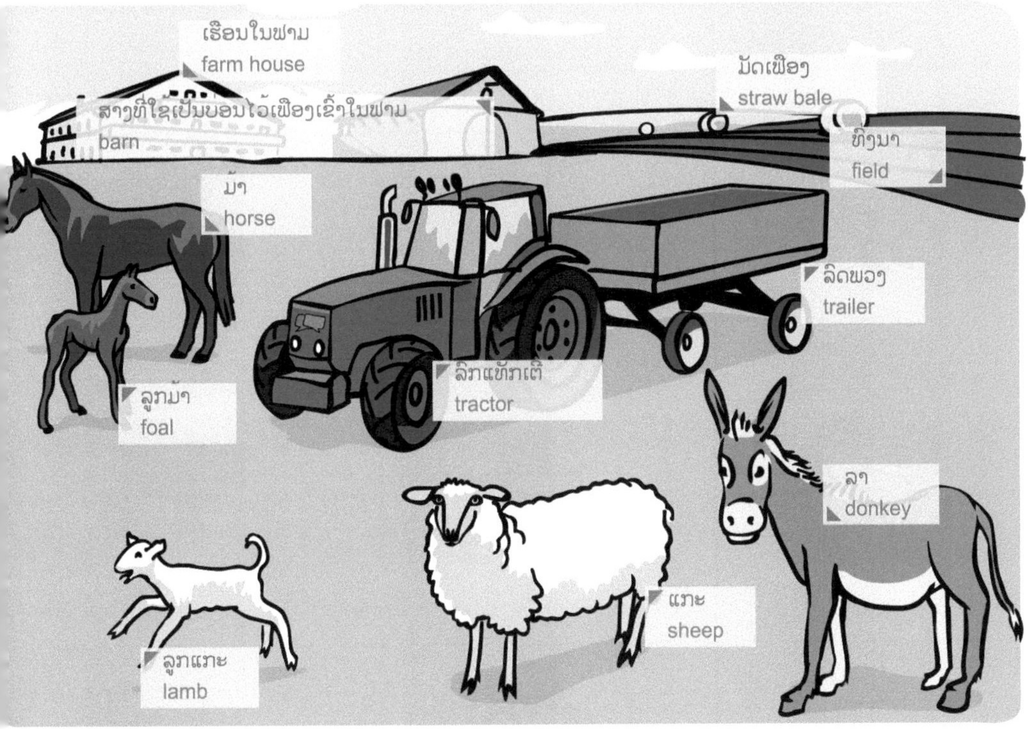

ເຮືອນໃນຟາມ
farm house

ສາງທີ່ໃຊ້ເປັນບ່ອນໄວ້ເຟືອງເຂົ້າໃນຟາມ
barn

ມັດເຟືອງ
straw bale

ທົ່ງນາ
field

ມ້າ
horse

ລົດພ່ວງ
trailer

ລົດແທັກເຕີ
tractor

ລູກມ້າ
foal

ລາ
donkey

ແກະ
sheep

ລູກແກະ
lamb

ແກະ
goat

ງົວຕົວແມ່
cow

ລູກງົວ
calf

ໝູ
pig

ລູກໝູ
piglet

ງົວຕົວຜູ້
bull

ທ່ານ

goose

ເປັດ

duck

ລູກໄກ່

chick

ແມ່ໄກ່

hen

ໄກ່ຜູ້

cockerel

ໜູ

rat

ແມວ

cat

ໜູ

mouse

ວົວຕົວຜູ້

ox

ໝາ

dog

ຄອກໝາ

dog house

ສາຍທໍ່ຢາງທີ່ໃຊ້ໃນສວນ

garden hose

ຖັງຫົດຕົ້ນໄມ້

watering can

ກ່ຽວດ້າມຍາວ

scythe

ຄັນໄຖ

plow

ກ່ຽວ

sickle

ຈົກ

hoe

ຄາດ

pitchfork

ຂວານ

axe

ລົດຍູ້ລໍ້ດຽວ

pushcart

ທາງລົມ

trough

ປ່ອງນົມ

milk can

ກະສອບ

sack

ຮົ້ວ

fence

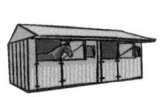

ຄອກມ້າ

stable

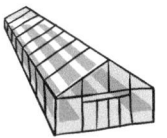

ເຮືອນກະຈົກ

greenhouse

ດິນ

soil

ແກ່ນ

seed

ປຸ໋ຍ

fertilizer

ເຄື່ອງກ່ຽວເຂົ້າ

combine harvester

ເກັບກ່ຽວ
harvest

ການເກັບກ່ຽວ
harvest

ເຜືອກ
yams

ເຂົ້າສາລີ
wheat

ຖົ່ວເຫຼືອງ
soya

ມັນຝຣັ່ງ
potato

ເຂົ້າໂພດ
corn

ດອກເຣພຊິດ
rapeseed

ຕົ້ນໄມ້ທີ່ອອກໝາກ
fruit tree

ມັນຕົ້ນ
manioc

ພິດຊະນິດເມັດ
grain

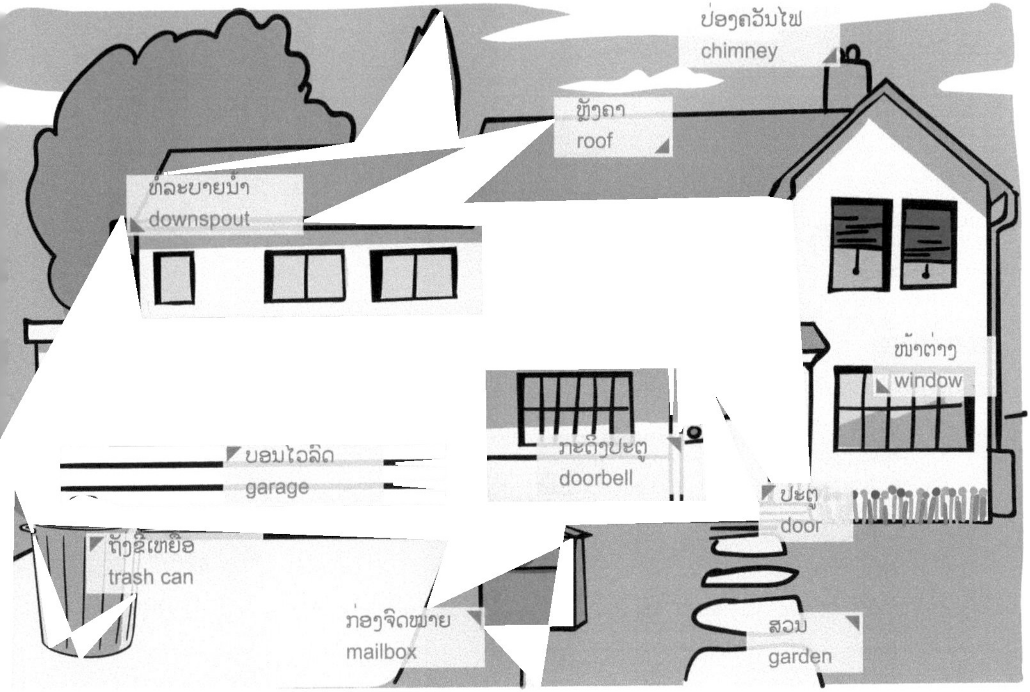

ບ່ອງຄວັນໄຟ
chimney

ຂັ້ວຄາ
roof

ທໍລະບາຍນ້ຳ
downspout

ໜ້າຕ່າງ
window

ບອນໄວລົດ
garage

ກະດິ່ງປະຕູ
doorbell

ປະຕູ
door

ຖັງຂີ້ເຫຍື້ອ
trash can

ກ່ອງຈົດໝາຍ
mailbox

ສວນ
garden

ຫ້ອງຮັບແຂກ

living room

ຫ້ອງນ້ຳ

bathroom

ຫ້ອງຄົວ

kitchen

ຫ້ອງນອນ

bedroom

ຫ້ອງພັກສຳລັບເດັກນ້ອຍ

kids room

ຫ້ອງອາຫານ

dining room

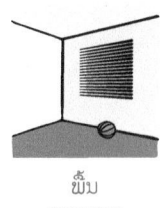

ພື້ນ

floor

ຝາຜະໜັງ

wall

ເພດານ

ceiling

ຫ້ອງເກັບເຄື່ອງໃຕ້ດິນ

cellar

ຫ້ອງອົບອາຍນ້ຳ

sauna

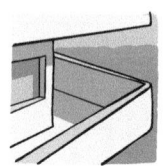

ລະບຽງ

balcony

ຊັ້ນຕາມຂ້າງຝູ

terrace

ສະລອຍນ້ຳ

pool

ເຄື່ອງຕັດຫຍ້າ

lawn mower

ຜ້າປູບ່ອມນອນ

sheet

ຜ້າປູຕຽງ

bedspread

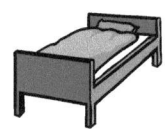

ຕຽງ

bed

ຟອຍ

broom

ຖຸ

bucket

ສະວິດ

switch

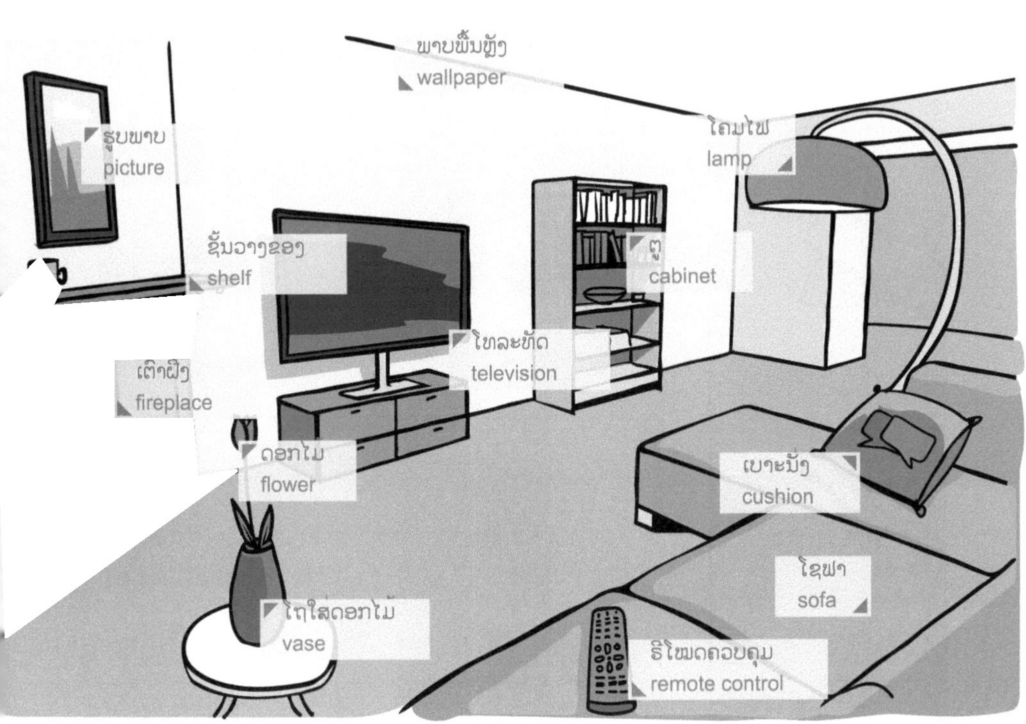

ພາບພື້ນຝ້າ
wallpaper

ຮູບພາບ
picture

ໂຄມໄຟ
lamp

ຊັ້ນວາງຂອງ
shelf

ຕູ້
cabinet

ໂທລະທັດ
television

ເຕົາຜິງ
fireplace

ດອກໄມ້
flower

ເບາະນັ່ງ
cushion

ໂຊຟາ
sofa

ໄຖໃສ່ດອກໄມ້
vase

ຣີໂມດຄອບຄຸມ
remote control

ພົມປູພື້ນ
carpet

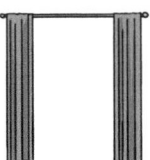

ຜ້າກັ້ງ
drape

ໂຕະ
table

ຕັ່ງນັ່ງ
chair

ຕັ່ງນັ່ງແບບໂຍກໄດ້
rocking chair

ຕັ່ງນັ່ງທີ່ມີບ່ອນວາງແຂນ
armchair

ໜັງສື

book

ຜ້າຫົ່ມ

blanket

ຂອງຕົກແຕ່ງ

decoration

ຟຶນ

firewood

ຮູບເງົາ

film

ເຄື່ອງສຽງລະບົບໄຮໄຟ

stereo system

ກະແຈ

key

ໜັງສືພິມ

newspaper

ການແຕ້ມຮູບ

painting

ໂປສເຕີ

poster

ວິທະຍຸ

radio

ແຜ່ນບັນທຶກ

notebook

ເຄື່ອງດູດຝຸ່ນ

vacuum cleaner

ຕົ້ນກະບອງເພັດ

cactus

ທຽນໄຂ

candle

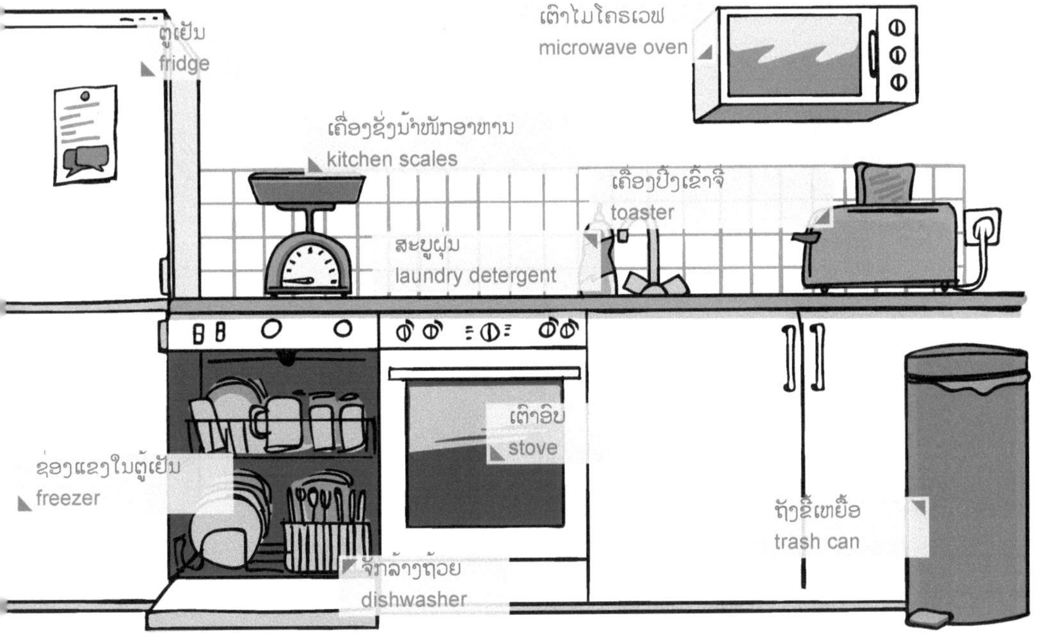

ຕູ້ເຢັນ
fridge

ເຕົາໄມໂຄຣເວຟ
microwave oven

ເຄື່ອງຊັ່ງນ້ຳໜັກອາຫານ
kitchen scales

ເຄື່ອງປິ້ງເຂົ້າຈີ່
toaster

ສະບູຜົງ
laundry detergent

ເຕົາອົບ
stove

ຊ່ອງແຊງໃນຕູ້ເຢັນ
freezer

ທັງຂີ້ເຫຍື້ອ
trash can

ຈັກລ້າງຖ້ວຍ
dishwasher

ໝໍ້ຕົ້ມ
cooker

ໝໍ້
pot

ໝໍ້ເຫຼັກຫຍ່
cast-iron pot

ໝໍ້ກະທະຈືບ
wok / kadai

ໝໍ້ກະທະກົ້ນແບນ
pan

ກາຕົ້ມນ້ຳ
kettle

ໝໍ້ໄອນ້ຳ

steamer

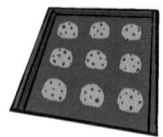

ຖາດອົບ

baking tray

ເຄື່ອງຖ້ວຍຊາມ

crockery

ຈອກຫຶມ

mug

ຖ້ວຍ

bowl

ໄມ້ທູ່

chopsticks

ຈອງດ້າມຍາວ

ladle

ຕະຫຼິວ

spatula

ເຄື່ອງຕີໄຂ່

whisk

ກະຊອນ

strainer

ເຄື່ອງຮ່ອນ

sieve

ເຫຼັກຂູດ

grater

ຄົກ

mortar

ບາບິຄິວ

barbecue

ແຄມໄຟຜາອອມ

fireplace

ຂຽງ

chopping board

ໄມ້ນວດແປ້ງ

rolling pin

ເຫຼັກໄຂດອນແກ້ວ

corkscrew

ກະປ໋ອງ

can

ເຄື່ອງເປີດກະປ໋ອງ

can opener

ຖົງມືຈັບຂອງຮ້ອນ

oven cloth

ອ່າງລ້າງຈານ

sink

ແປງ

brush

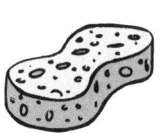

ຟອງນ້ຳ

sponge

ເຄື່ອງປັ່ນ

blender

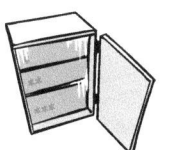

ຕູ້ແຊ່ແຂງ

deep freezer

ຂວດນົມ

baby bottle

ກ໊ອກນ້ຳ

tap

bathroom

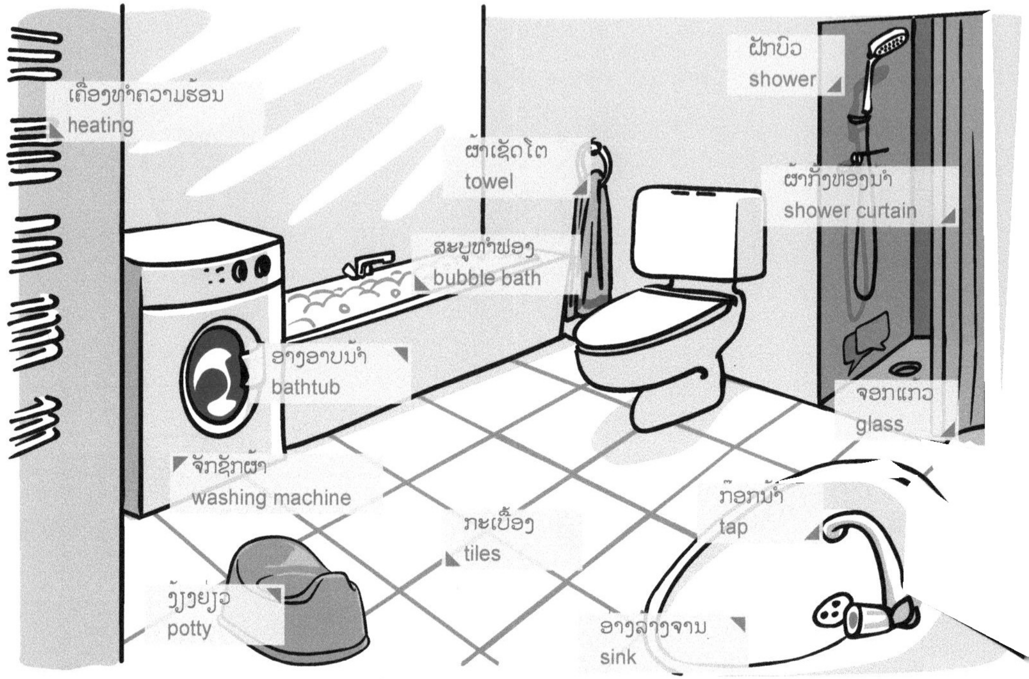

ເຄື່ອງທຳຄວາມຮ້ອນ
heating
ຜ້າເຊັດໂຕ
towel
ຝັກບົວ
shower
ຜ້າກັ້ງຫ້ອງນ້ຳ
shower curtain
ສະບູທຳຟອງ
bubble bath
ອາງອາບນ້ຳ
bathtub
ຈອກແກວ
glass
ຈັກຊັກຜ້າ
washing machine
ກ໊ອກນ້ຳ
tap
ກະເບື້ອງ
tiles
ງົ່ງຍ່ຽວ
potty
ອາງລາງຈານ
sink

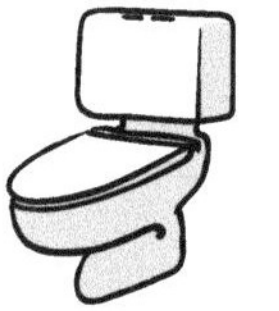
ຫ້ອງສ້ວມ
toilet

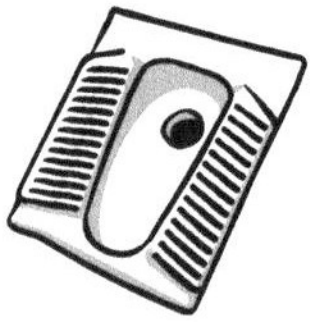
ໂຖສ້ວມແບບນັ່ງຍອງ
squat toilet

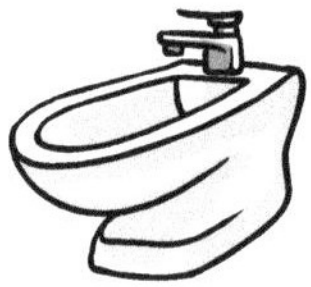
ໂຖຍ່ຽວຂອງຜູ້ຍິງ
bidet

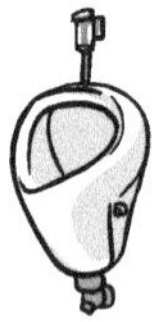
ໂຖຍ່ຽວຂອງຜູ້ຊາຍ
urinal

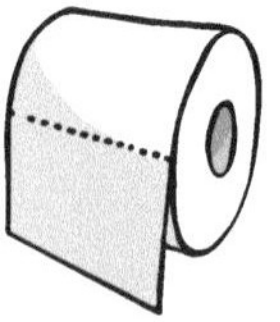
ກະດາດຊຳລະທີ່ໃຊ້ໃນຫ້ອງນ້ຳ
toilet paper

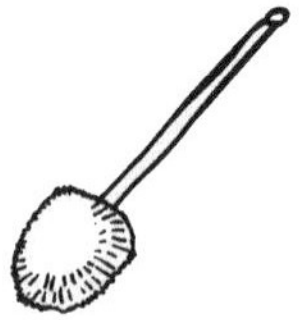
ແປງຂັດຫ້ອງນ້ຳ
toilet brush

ແປງສີຟັນ

toothbrush

ຢາສີຟັນ

toothpaste

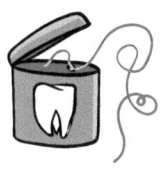

ໄໝຂັດແຂ້ວ

dental floss

ລ້າງ

wash

ຝັກບົວອາບນ້ຳທີ່ໃຊ້ມືຈັບ

hand shower

ເຄື່ອງສີດລ້າງ

douche

ອ່າງລ້າງໜ້າ

basin

ແປງຖູຫັວ

back brush

ສະບູ

soap

ເຈລອາບນ້ຳ

shower gel

ແຊມພູ

shampoo

ຜ້າຖູໂຕນ້ອຍ

flannel

ທໍ່ລະບາຍນ້ຳເສຍ

drain

ຄີມ

creme

ຢາດັບກິ່ນ

deodorant

ແອ່ນແຍງ
mirror

ແອ່ນມືຖື
hand mirror

ມິດແຖພວດ
razor

ໂຟມແຖພວດ
shaving foam

ໂລຊັນບໍາລຸຜິວຫຼັງແຖພວດ
aftershave

ຫວີ
comb

ແປງ
brush

ຈັກເປົ່າຜົມ
hair-dryer

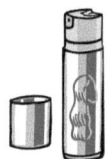

ສະເປຊິດຜົມ
hairspray

ຊຸດເຄື່ອງສໍາອາງ
makeup

ລິບສະຕິກທາສົບ
lipstick

ນ້ຳຍາທາເລັບ
nail varnish

ສໍາລີ
cotton wool

ມິດຕັດເລັບ
nail scissors

ນ້ຳຫອມ
perfume

ກະເປົ໋າອາບນ້ຳ

washbag

ຕັ່ງສາມຂາ

stool

ເຄື່ອງຊັ່ງນ້ຳໜັກ

weighing scales

ເສື້ອຄຸມອາບນ້ຳ

bathrobe

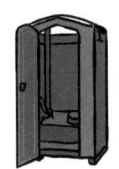

ຖົງມືຢາງ

rubber gloves

ຜ້າອະນາໄມແບບສອດ

tampon

ຜ້າອະນາໄມ

sanitary towel

ຫ້ອງນ້ຳເຄມີ

chemical toilet

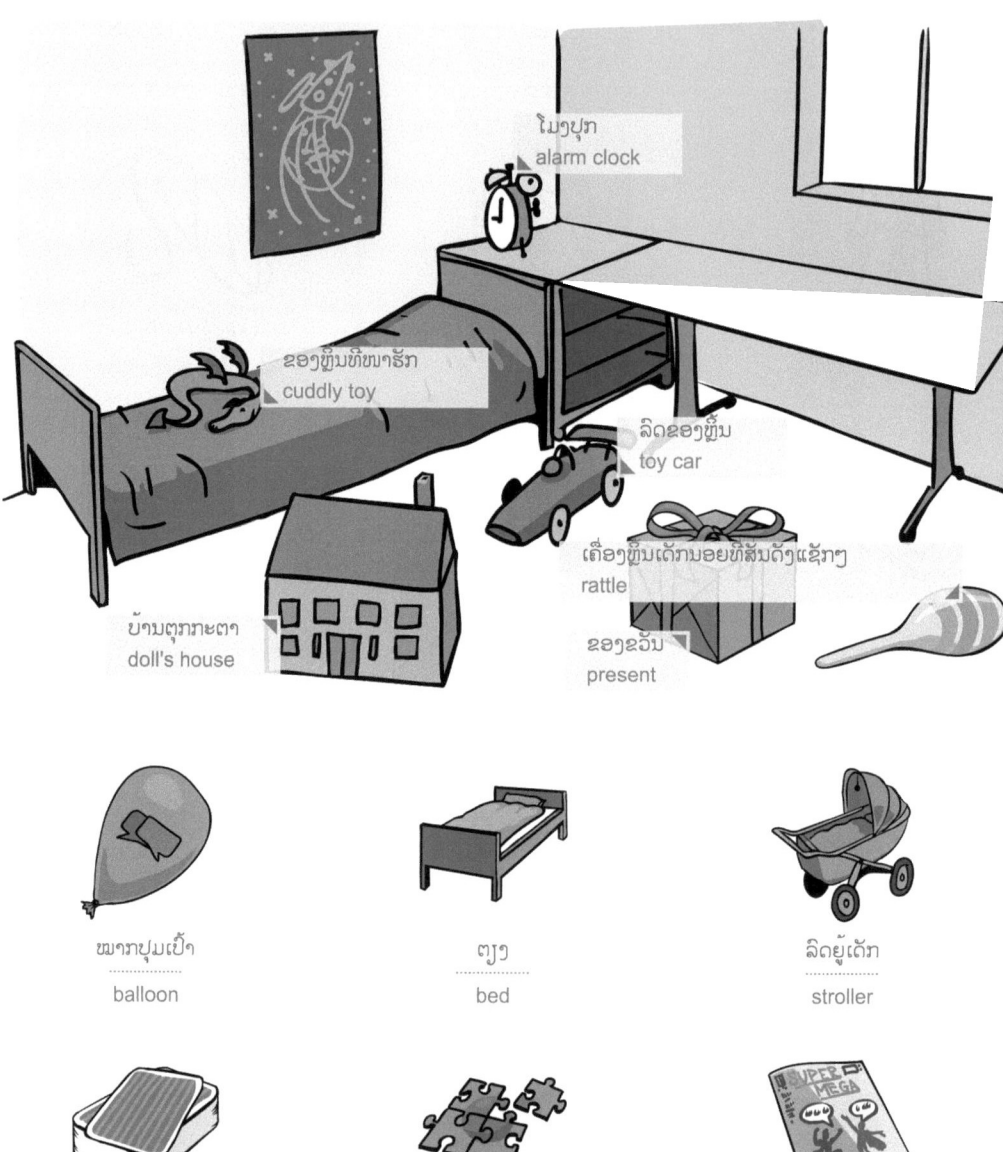

ໂມງປຸກ
alarm clock

ຂອງຫຼິ້ນທີ່ໜ້າຮັກ
cuddly toy

ລົດຂອງຫຼິ້ນ
toy car

ເຄື່ອງຫຼິ້ນເດັກນ້ອຍທີ່ສັ່ນດັງແຊ້ກໆ
rattle

ບ້ານຕຸກກະຕາ
doll's house

ຂອງຂວັນ
present

ໝາກປຸມເປົ້າ
balloon

ຕຽງ
bed

ລົດຍູ້ເດັກ
stroller

ຊຸມໄພ້
deck of cards

ຈິກຊໍ
jigsaw

ໜັງສືກາຕູນ
comic

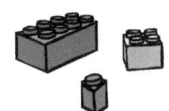

ຕິດຕໍ່ເລໂກ້

lego bricks

ບລ້ອກຂອງຫຼິ້ນ

toy blocks

ຮູບປັ້ນທີ່ເຄື່ອນໄຫວໄດ້

action figure

ເສື້ອຜ້າເດັກເກີດໃໝ່

romper suit

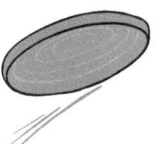

ຈານບິນ

frisbee

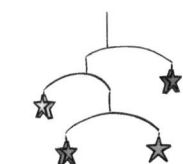

ສິ່ງທີ່ແກວ່ງໄປມາແຂມຢູ່ເທິງຫົວ
ຕຽງເດັກນ້ອຍ

mobile

ເກມກະດານ

board game

ໝາກກະລ໋ອກ

dice

ຊຸດລົດໄຟຈຳລອງ

model train set

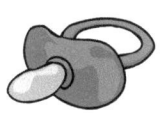

ຮູບຈຸ່ນ

pacifier

ງານລ້ຽງ

party

ໜັງສືພາບ

picture book

ໝາກບານ

ball

ຕຸກກະຕາ

doll

ຫຼິ້ນ

play

ຂຸມດິນຊາຍສຳລັບເດັກນ້ອຍຫຼິ້ນ

sandpit

ຊິງຊ້າ

swing

ຂອງຫຼິ້ນ

toys

ເຄື່ອງຫຼິ້ນວິດີໂອເກມ

video game console

ລົດຖີບສາມລໍ້

tricycle

ຕຸກກະຕາໝີ

teddy bear

ຕູ້ເສື້ອຜ້າ

wardrobe

clothing

ລອງເທົ້າ

socks

ຖົງເທົ້າຍາວຜູ້ຍິງ

stockings

ໄສ້ງຍຶດແບບເໝື່ອ

tights

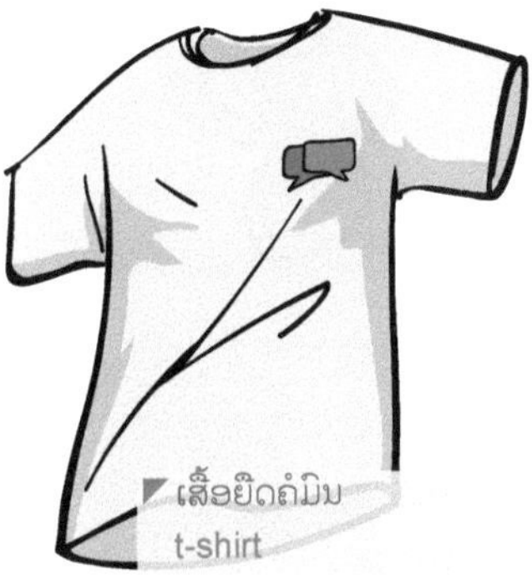

ຜ້າພັນຄໍ
scarf

ຄົມຮົ່ມ
umbrella

ສາຍແອວ
belt

ເສື້ອຍຶດຄໍມົນ
t-shirt

ເກີບກິລາ
sneakers

ເກີບບູດຂາ
boots

ເກີບແຕະ
slippers

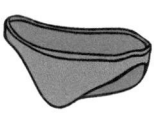

ເກີບຮ້າງດາມ

sandals

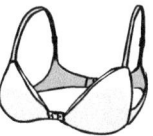

ເກີບ

shoes

ເກີບບູດທ໌ຍາງ

rubber boots

ໂສ້ງຂ້ອນໃນ

underwear

ເສື້ອຂ້ອນໃນ

bra

ເສື້ອກ້າມ

undershirt

ເສື້ອຮັດຂຸ່ມ

body

ໄສ້ງຂາຍາວ

pants

ໄສ້ງຍິນ

jeans

ກະໂປ່ງ

skirt

ເສື້ອຜູ້ຍິງ

blouse

ເສື້ອເຊິດ

shirt

ເສື້ອກັນຫນາວ

pullover

ເສື້ອຄຸມມີຫມວກ

sweater

ເສື້ອໃຫຍ່ທີ່ຕິດກາໂຮງງານຫ້ອງການທີ
ມທິລາ

blazer

ເສື້ອແຈັກເກັດ

jacket

ເສື້ອນອກ

coat

ເສື້ອກັນຝົນ

raincoat

ເຄື່ອງແຕ່ງກາຍ

costume

ກະໂປ່ງ

dress

ຊຸດແຕ່ງງານ

wedding dress

ເສື້ອສູດ

suit

ຊຸດລາຕີ

nightgown

ຊຸດນອນ

pajamas

ຊຸດຊາຣີ

sari

ຜ້າຄຸມຫົວ

headscarf

ຜ້າພັນຫົວ

turban

ເສື້ອບຸຣຸເຄາະ

burka

ເສື້ອຄຸມຄາຟຕານ

kaftan

ເສື້ອຄຸມອາບາຍາ

abaya

ຊຸດລອຍນ້ຳ

swimsuit

ໂສ້ງໃສ່ລອຍນ້ຳ

trunks

ໂສ້ງຂາສັ້ນ

shorts

ຊຸດວອມ

tracksuit

ຜ້າກັນເປື້ອນ

apron

ຖົງມື

gloves

ເສື້ອຜ້າ - clothing

ກະດຸມ

button

ແອ່ມຕາ

glasses

ປອກແຂນ

bracelet

ສ້ອຍຄໍ

necklace

ແຫວນ

ring

ຕຸ້ມຫູ

earring

ໝວກແກ໊ບ

cap

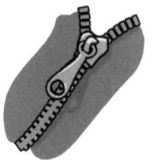

ກ້ວແຂນເສື້ອນອກ

coat hanger

ໝວກ

hat

ກາລະຫວັດ

tie

ຊິບ

zip

ໝວກກັນກະທົບ

helmet

ສາຍໂຍງໂສ້ງ

braces

ຊຸດນັກຮຽນ

school uniform

ເຄື່ອງແບບ

uniform

ຜ້າກັນເປື້ອນເດັກ
....
bib

ຫູບຫຸ່ມ
....
pacifier

ຜ້າອ້ອມ
....
diaper

ຕູ້ເອກະສານ
filing cabinet

ເຄື່ອງພິມ

ເຊີບເວີ
server

ຈໍພາບ
monitor

ເຈ້ຍ
paper

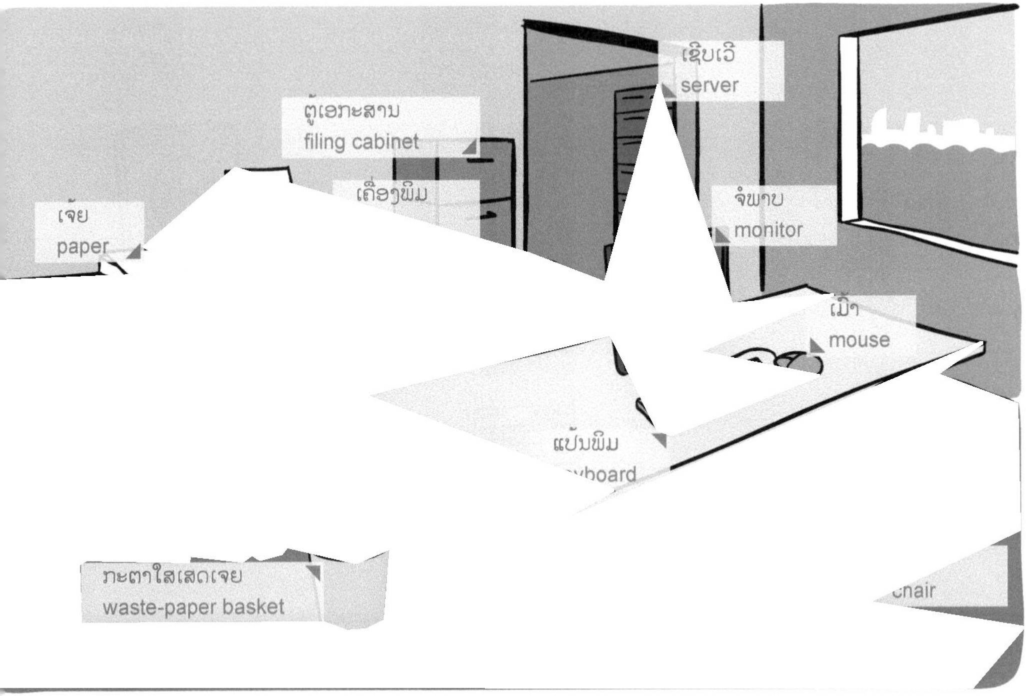

ເມົາ
mouse

ແປ້ນພິມ
keyboard

ກະຕາໃສ່ເສດເຈ້ຍ
waste-paper basket

chair

ຈອກທີມໃສ່ກາເຟ
....
coffee mug

ເຄື່ອງຄິດເລກ
....
calculator

ອິນເຕີເນັດ
....
internet

ຄອມພິວເຕີແລັບທັອບ

laptop

ຈິດໝາຍ

letter

ຂໍ້ຄວາມ

message

ໂທລະສັບມືຖື

cell phone

ເຄືອຂ່າຍ

network

ເຄື່ອງຖ່າຍເອກະສານ

photocopier

ຊອບແວ

software

ໂທລະສັບ

telephone

ປັກໄຟ

plug socket

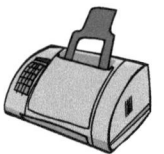

ເຄື່ອງແຟັກ

fax machine

ແບບຟອມ

form

ເອກະສານ

document

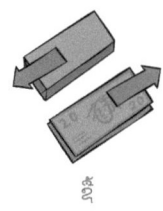

ຊື້

buy

ຈ່າຍ

pay

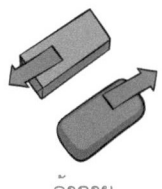

ຄ້າຂາຍ

trade

ເງິນ

money

USD

ເງິນດອນລາ

dollar

EUR

ເງິນຢູໂຣ

euro

JPY

ເງິນເຢນ

yen

RUB

ເງິນຣູເບີລ

rouble

CHF

ເງິນຝຣັ່ງສະວິຄ

Swiss franc

CNY

ເງິນຢວນເຣິນພິນປີ້

renminbi yuan

INR

ເງິນຣູປີ

rupee

ເຄື່ອງສຳລັບກົດເງິນສົດຈາກທະນາຄານ

cash point

ບ່ອນແລກປ່ຽນເງິນຕາ
currency exchange office

ທອງຄຳ
gold

ເງິນ
silver

ນ້ຳມັນ
oil

ພະລັງງານ
energy

ລາຄາ
price

ສັນຍາ
contract

ພາສີ
tax

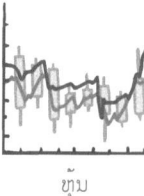

ຫຸ້ນ
stock

ເຮັດວຽກ
work

ລູກຈ້າງ
employee

ນາຍຈ້າງ
employer

ໂຮງງານ
factory

ຮ້ານຄ້າ
shop

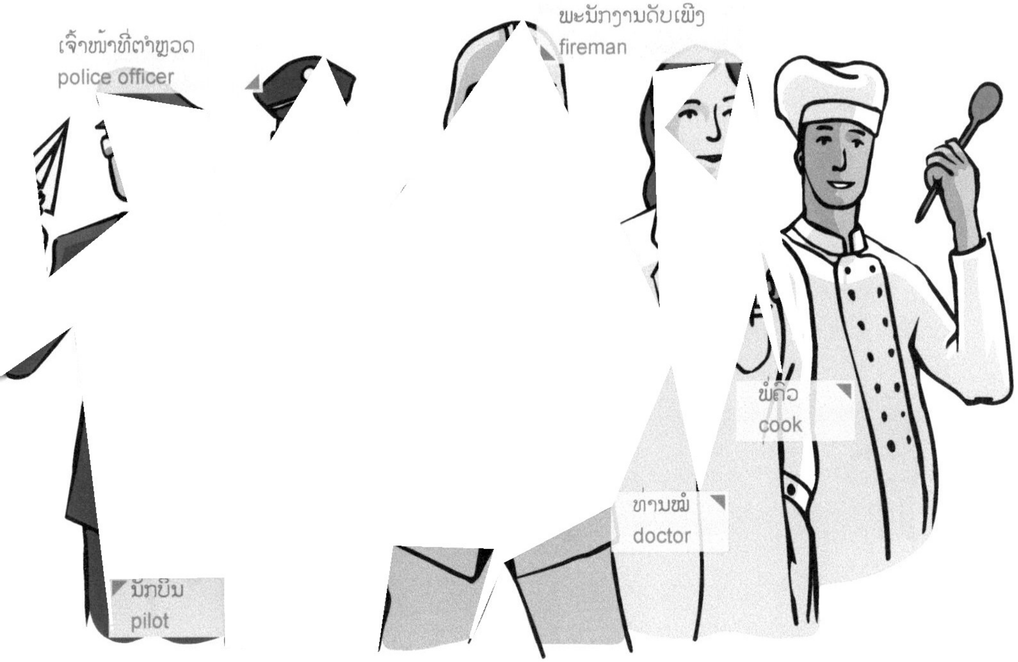

ເຈົ້າໜ້າທີ່ຕຳຫຼວດ
police officer

ພະນັກງານດັບເພີງ
fireman

ພ່ໍຄົວ
cook

ທ່ານໝໍ
doctor

ນັກບິນ
pilot

ຊາວສວນ

gardener

ຊ່າງໄມ້

carpenter

ຊ່າງຫຍິບຜ້າທີ່ເປັນຜູ້ຍິງ

seamstress

ຜູ້ພິພາກສາ

judge

ນັກເຄມີ

chemist

ນັກສະແດງຊາຍ

actor

ຄົນຂັບລົດເມປະຈຳທາງ

bus driver

ຄົນຂັບແທັກຊີ

taxi driver

ຊາວປະມົງ

fisherman

ແມ່ບ້ານທຳຄວາມສະອາດ

cleaning lady

ຊ່າງມຸງຫຼັງຄາ

roofer

ຄົນເສີບຂາຍ

waiter

ນາຍພານ

hunter

ຊ່າງທາສີ

painter

ຄົນເຮັດເຂົ້າໜົມປັງ

baker

ຊ່າງໄຟຟ້າ

electrician

ຊ່າງກໍ່ສ້າງ

builder

ວິສະວິກອນ

engineer

ຄົນຂາຍຊີ້ນ

butcher

ຊ່າງນ້ຳປະປາ

plumber

ບູລຸດໄປສະນີ

postman

ທະຫານ

soldier

ສະຖາປະນິກ

architect

ພະນັກງານເກັບເງິນສົດ

cashier

ຄົນຂາຍດອກໄມ້

florist

ຊ່າງແຕ່ງຜົມ

hairdresser

ພະນັກງານກວດປີ້ລົດ

conductor

ຊ່າງສ້ອມລົດຍົນ

mechanic

ຜູ້ບັງຄັບການ

captain

ທັນຕະແພດ

dentist

ນັກວິທະຍາສາດ

scientist

ພະໃນສາສະໜາຢິວ

rabbi

ຜູ້ນຳຊາວມຸສລິມ

imam

ຄູບາ

monk

ນັກບວດ

pastor

tools

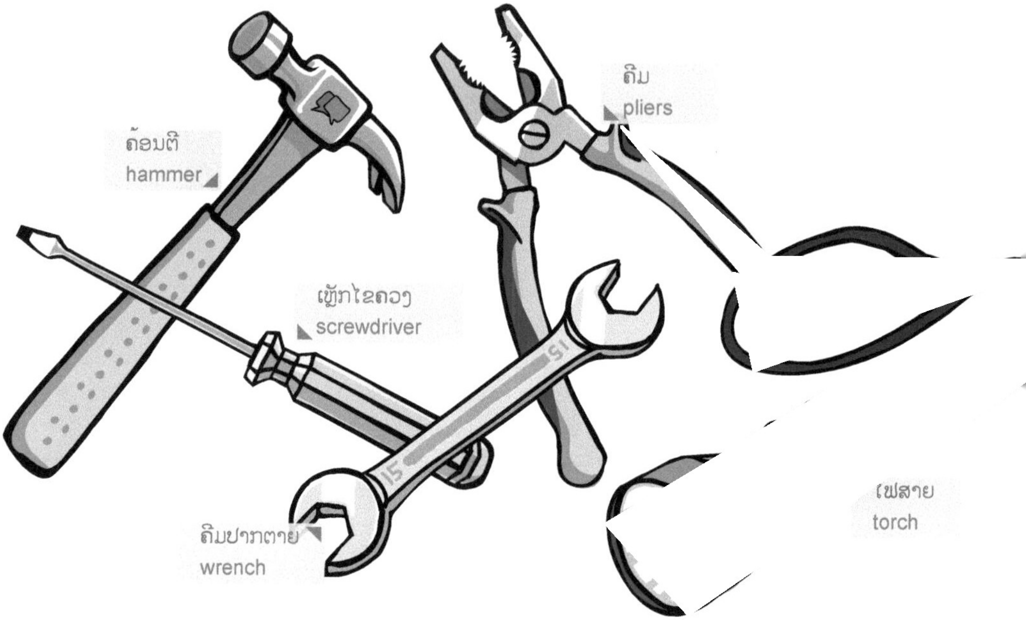
ຄ້ອນຕີ
hammer
ຄີມ
pliers
ເຫຼັກໄຂຄວງ
screwdriver
ຄີມປາກຕາຍ
wrench
ເຟສາຍ
torch

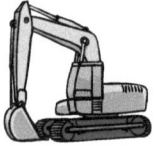

ເຄື່ອງຂຸດ

excavator

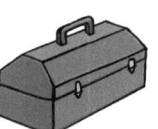

ກັບເຄື່ອງມື

toolbox

ຂັ້ນໄດ

ladder

ເລື່ອຍ

saw

ຕະປູ

nails

ເຫຼັກຊີ

drill

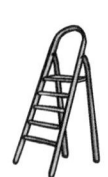

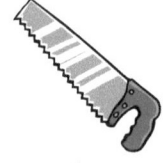

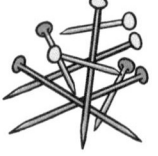

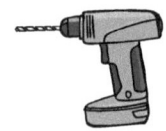

ສ້ອມແປງ
repair

ຊ້ວານ
shovel

ຕາຍຫ່າ!
Damn!

ຂອງຊ້ວານຂີ້ເຫຍື້ອ
dustpan

ຖັງສີ
paint can

ຕະປູກຽວ
screws

musical instruments

ລຳໂພງ
loud speaker

ກອງຊຸດ
drum set

ພິຕ້າ
guitar

ດັບເບິລເບສ
double bass

ແກຫຍງເຫືອງ
trumpet

ເປຍໂນ

piano

ໄວໂອລິນ

violin

ເບສ

bass

ກອງທິມປານິ

timpani

ກອງຊຸດ

drums

ຄິບອດ

keyboard

ແຊ໌ກໂຊໂຟນ

saxophone

ຂຸ່ຍ

flute

ໄມໂຄຣໂຟນ

microphone

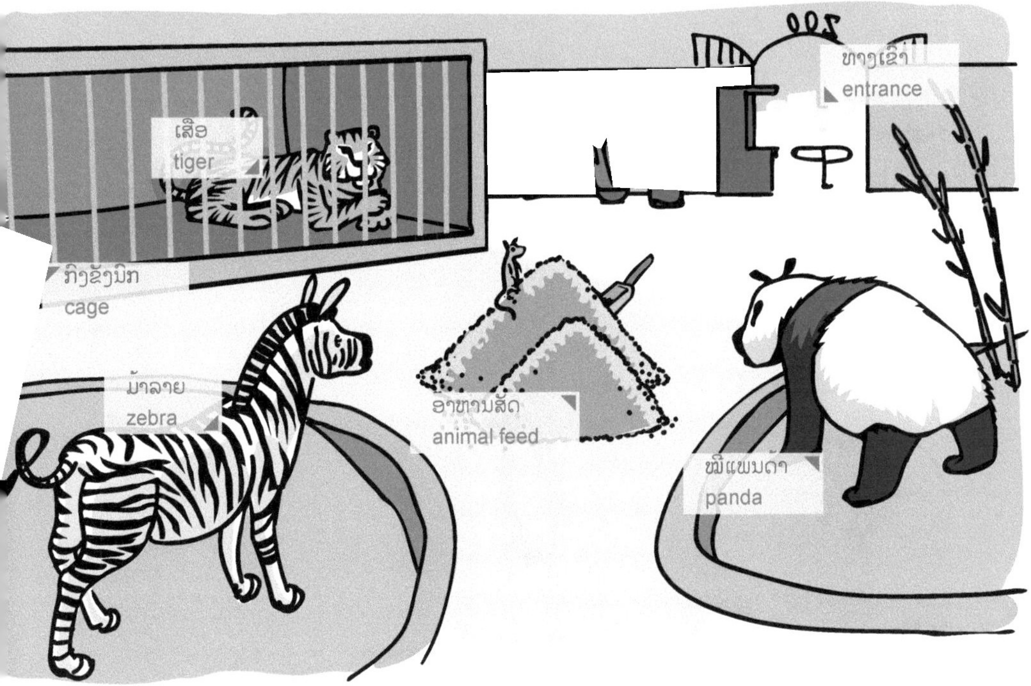

ທາງເຂົ້າ
entrance

ເສືອ
tiger

ກົງຂັງມິກ
cage

ມ້າລາຍ
zebra

ອາຫານສັດ
animal feed

ໝີແພນດາ
panda

ສັດ
animals

ຊ້າງ
elephant

ກັງກາລູ
kangaroo

ແຮດ
rhino

ລິງໂທນໃຫຍ່
gorilla

ໝີ
bear

ອູດ

camel

ນົກກະຈອກເທດ

ostrich

ສິງໂຕ

lion

ລີງ

monkey

ນົກຟລາມິງໂກ

flamingo

ນົກແກ້ວ

parrot

ໝີຂົ້ວໂລກ

polar bear

ນົກເພັນກວິນ

penguin

ປາສະຫຽມ

shark

ນົກຍູງ

peacock

ງູ

snake

ແຂ້

crocodile

ຜູ້ເບິ່ງແຍງສວນສັດ

zookeeper

ແມວນ້ຳ

seal

ເສືອຈາກົວ

jaguar

ມ້າພັນນ້ອຍ

pony

ເສືອດາວ

leopard

ຮີບໂປ

hippo

ໂຕຈິຣາຟ

giraffe

ໜງວ

eagle

ໝູປ່າຕົວຜູ້

boar

ປາ

fish

ເຕົ່າ

turtle

ຊ້າງນ້ຳ

walrus

ໝາຈອກ

fox

ກາວາງນ້ອຍ

gazelle

ອາເມລິກັນຟຸດບອນ
American football

ຂີ່ລົດຖີບ
cycling

ກິລາເທນນິສ
tennis

ບັສເກັດບອລ
basketball

ກິລາລອຍນ້ຳ
swimming

ຂົກມວຍ
boxing

ກິລາຕີຄີເທິນນ້ຳແຂງ
ice hockey

ກິລາເຕະບານ
soccer

ກິລາຕິດອກປິກໄກ່
badminton

ກິລາປະເພດ ແລ່ນ
ເຕັ້ນແລະແກວງ
athletics

ແຮນບອລ
handball

ກິລາສະກີ້
skiing

ກິລາໂປໂລມ້າ
polo

ຂຽນ
write

ແຕ້ມ
draw

ສະແດງ
show

ຍູ້
push

ໃຫ້
give

ເອົາໄປ
take

ມີ

have

ເຮັດ

do

ເປັນ

be

ຢືນ

stand

ແລ່ນ

run

ດຶງ

pull

ໂຍນ

throw

ລົ້ມ

fall

ນອນຢຽດ

lie

ລໍຖ້າ

wait

ຖື

carry

ນັ່ງ

sit

ແຕ່ງຕົວ

get dressed

ນອນຫັບ

sleep

ຕື່ນນອນ

wake up

ເບິ່ງ

look at

ຮ້ອງໄຫ້

cry

ລູບ

stroke

ຫວີຜົມ

comb

ລົມ

talk

ເຂົ້າໃຈ

understand

ຖາມຖາມ

ask

ຟັງ

listen

ດື່ມ

drink

ກິນ

eat

ຈັດໃຫ້ເປັນລະບຽບ

tidy up

ຮັກ

love

ຖໍ່ກິນ

cook

ຂັບລົດ

drive

ບິນ

fly

ແລ່ນເຮືອ

sail

ຄິດໄລ່

calculate

ອ່ານ

read

ຮຽນຮູ້

learn

ເຮັດວຽກ

work

ແຕ່ງງານ

marry

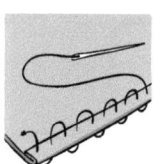

ຫຍິບ

sew

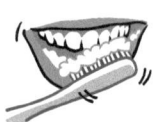

ແປງຟັນ

brush teeth

ຂ້າ

kill

ສູບຢາ

smoke

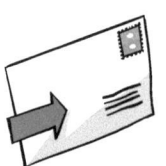

ສົ່ງ

send

ແມ່ເຖົ້າ
grandmother

ພໍ່ເຖົ້າ
grandfather

ພໍ່
father

ແມ່
mother

ເດັກເກີດໃໝ
baby

ລູກສາວ
daughter

ລູກຊາຍ
son

ແຂກ

guest

ປ້າ

aunt

ລຸງ

uncle

ອ້າຍນ້ອງ

brother

ເອື້ອຍນ້ອງ

sister

body

ໜ້າຜາກ
forehead
ຕາ
eye
ບ່າໄຫຼ່
shoulder
ນິ້ວມື
finger
ໃບໜ້າ
face
ຄາງ
chin
ມື
hand
ໜ້າເອິກ
breast
ຂາ
leg
ແຂນ
arm

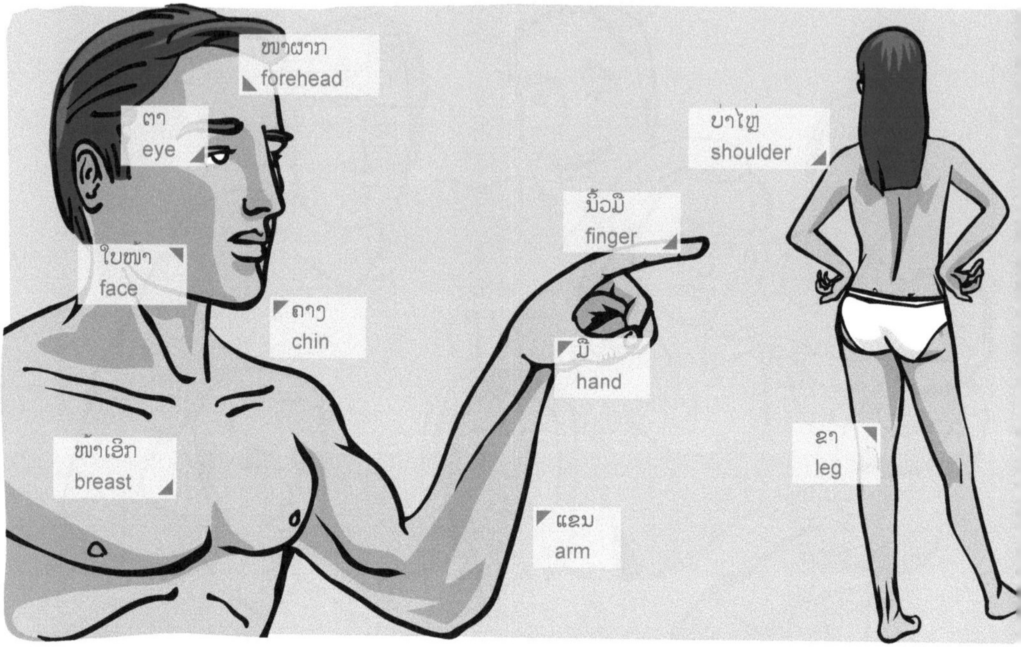

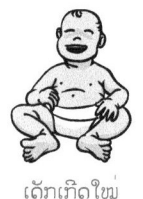

ເດັກເກີດໃໝ່

baby

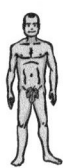

ຜູ້ຊາຍ

man

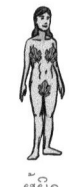

ຜູ້ຍິງ

woman

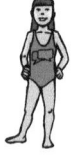

ເດັກຍິງ

girl

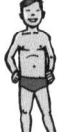

ເດັກຊາຍ

boy

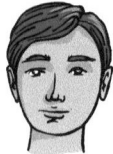

ຫົວ

head

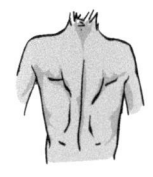

ຫຼັງ
....
back

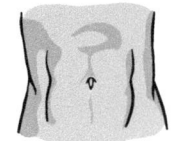

ທ້ອງ
....
belly

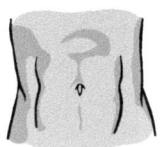

ສະບື
....
navel

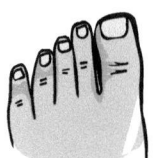

ນິ້ວຕີນ
....
toe

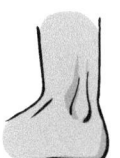

ສົ້ນຕີນ
....
heel

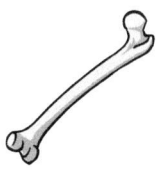

ກະດູກ
....
bone

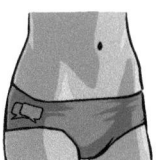

ກະໂພກ
....
hip

ຫົວເຂົ່າ
....
knee

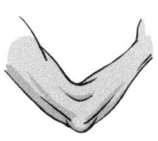

ແຂນສອກ
....
elbow

ດັງ
....
nose

ກົ້ນ
....
buttocks

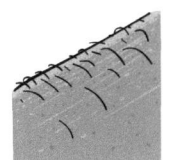

ຜິວໜັງ
....
skin

ແກ້ມ
....
cheek

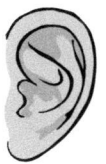

ຫູ
....
ear

ຮີມສົບ
....
lip

ປາກ

mouth

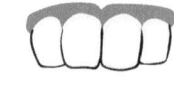

ແຂ້ວ

tooth

ລີ້ນ

tongue

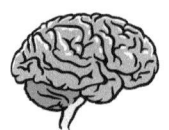

ສະໝອງ

brain

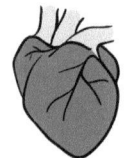

ຫົວໃຈ

heart

ກ້າມເນື້ອ

muscle

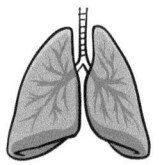

ປອດ

lung

ຕັບ

liver

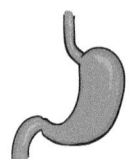

ກະເພາະ

stomach

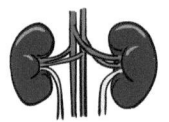

ໄຕ

kidneys

ເພດສໍາພັນ

sex

ຖົງຍາງອະນາໄມ

condom

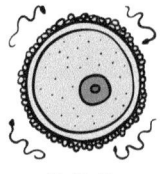

ເຊລສືບພັນ

ovum

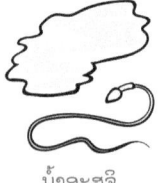

ນ້ຳອະສຸຈິ

semen

ການຖືພາ

pregnancy

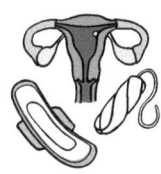

ປະຈຳເດືອນ

menstruation

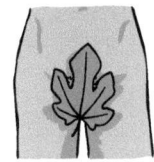

ຊ່ອງຄອດ

vagina

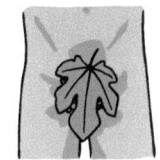

ອະໄວຍະວະເພດຊາຍ

penis

ຄິ້ວ

eyebrow

ເສັ້ນຜົມ

hair

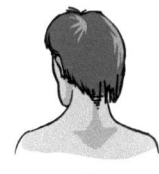

ຄໍ

neck

hospital

ໂຮງໝໍ
hospital
ລິດລໍ
wheelchair
ຮອຍແຕກ
fracture

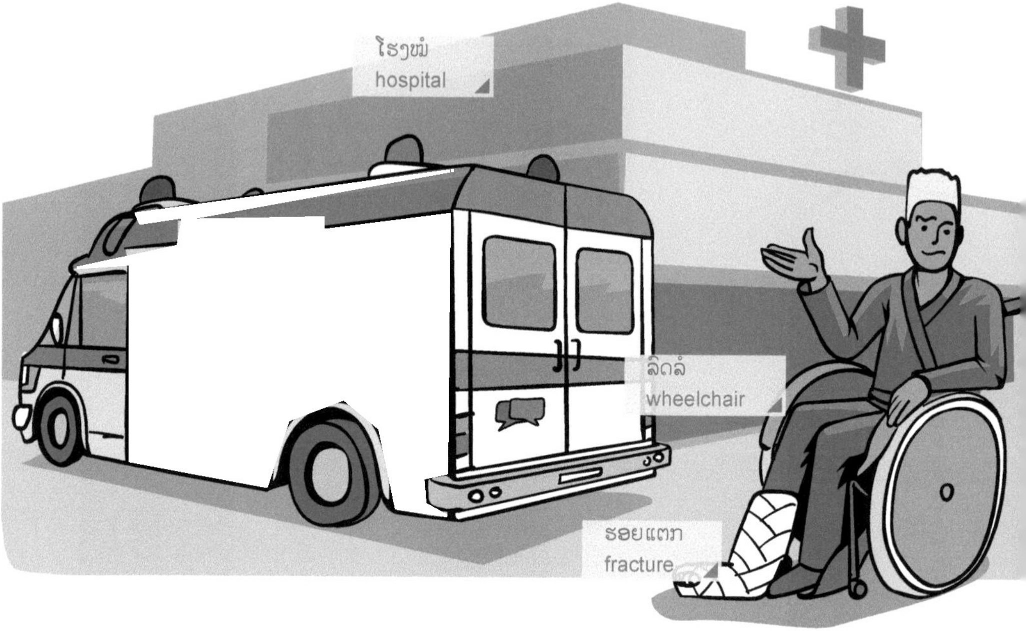

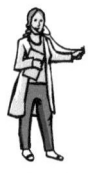

ທ່ານໝໍ

doctor

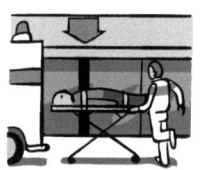

ຫ້ອງສຸກເສີນ

emergency room

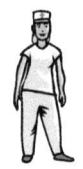

ພະຍາບານ

nurse

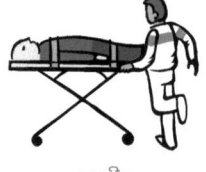

ສຸກເສີນ

emergency

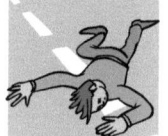

ໝົດສະຕິ

unconscious

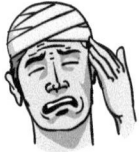

ອາການເຈັບປວດ

pain

ການບາດເຈັບ

injury

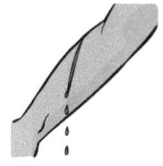

ເລືອດໄຫຼ

bleeding

ຫົວໃຈວາຍ

heart attack

ໂຣກຫຼອດເລືອດໃນສະໝອງ

stroke

ອາການແພ້

allergy

ໄອ

cough

ໄຂ້

fever

ໄຂ້ຫວັດ

flu

ຖອກທ້ອງ

diarrhea

ເຈັບຫົວ

headache

ໂຣກມະເລງ

cancer

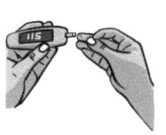

ພະຍາດເບົາຫວານ

diabetes

ໝໍຜ່າຕັດ

surgeon

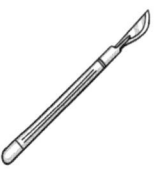

ມີດຜ່າຕັດ

scalpel

ການຜ່າຕັດ

operation

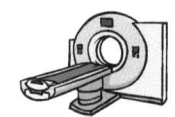

ເຄື່ອງເອັກຮໄຣເຣຄອມພິວເຕີ
CT

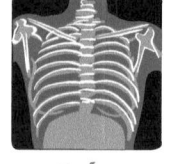

ເອັກຊ໌-ເຣ
x-ray

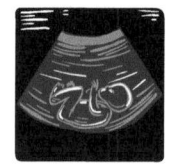

ອູລຕຣາຊາວ (ultrasound)
ultrasound

ໜ້າກາກອະນາໄມ
face mask

ພະຍາດ
disease

ຫ້ອງລໍຖ້າ
waiting room

ໄມ້ຄ້ຳຂີ້ແຮ້
crutch

ຜ້າຍາງຕິດບາດ
plaster

ຜ້າພັນແຜ
bandage

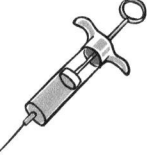

ສັກຢາ
injection

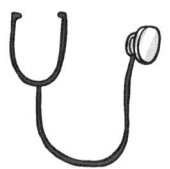

ເຄື່ອງຟັງປອດຫົວໃຈ
stethoscope

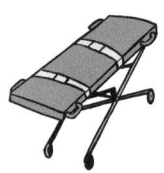

ເປຫາມຄົນເຈັບ
stretcher

ບາຫຼອດວັດໄຂ້
clinical thermometer

ການເກີດ
birth

ນ້ຳໜັກເກີນ
overweight

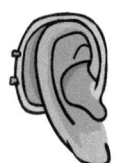

ເຄື່ອງຊ່ວຍຟັງ

hearing aid

ນ້ຳຢາຂ້າເຊື້ອ

disinfectant

ການຕິດເຊື້ອ

infection

ເຊື້ອໄວຣັສ

virus

HIV / ເອດສ໌

HIV / AIDS

ຢາ

medicine

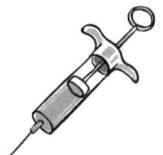

ການສັກວັກຊິນ

vaccination

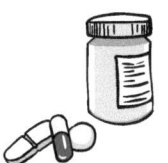

ຢາເມັດ

tablets

ຢາເມັດ

pill

ໂທອອກສຸກເສີນ

emergency call

ເຄື່ອງວັດຄວາມດັນເລືອດ

blood pressure monitor

ໄຂ້ / ສຸຂະພາບດີ

ill / healthy

ຊ່ວຍດ້ວຍ!

Help!

ສັນຍານເຕືອນໄພ

alarm

ການທຳຮ້າຍຮ່າງກາຍ

assault

ການໂຈມຕີ

attack

ອັນຕະລາຍ

danger

ທາງອອກສຸກເສີນ

emergency exit

ໄຟໄໝ້!

Fire!

ບັ້ງດັບເພີງ

fire extinguisher

ອຸປະຕິເຫດ

accident

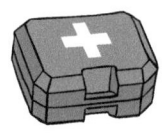

ຊຸດປະຖົມພະຍາບານຂັ້ນຕົ້ນ

first-aid kit

ສັນຍານຂໍຄວາມຊ່ວຍເຫຼືອ

SOS

ຕຳຫຼວດ

police

ເອິຣົບ

Europe

ອາເມລິກາເໜືອ

North America

ອາເມລິກາໃຕ້

South America

ອາຟຣິກາ

Africa

ເອເຊຍ

Asia

ອອສເຕຣເລຍ

Australia

ແອດແລນຕິກ

Atlantic

ປາຊິຟິກ

Pacific

ມະຫາສະໝຸດອິນເດຍ

Indian Ocean

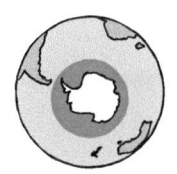

ມະຫາສະໝຸດແອນຕາຕິກ

Antarctic Ocean

ມະຫາສະໝຸດອາກຕິກ

Arctic Ocean

ຂົ້ວໂລກເໜືອ

North pole

ຂົ້ວໂລກໃຕ້

South pole

ແອນຕາກຕິກາ

Antarctica

ໂລກ

earth

ດິນ

land

ທະເລ

sea

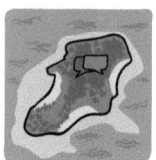

ເກາະ

island

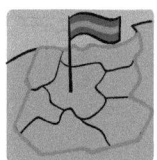

ຊາດ / ປະເທດຊາດ

nation

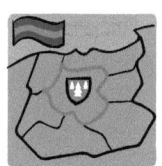

ລັດ

state

ໜ້າປັດໂມງ

clock face

ເຂັມໂມງ

hour hand

ເຂັມນາທີ

minute hand

ເຂັມວິນາທີ

second hand

ຈັກໂມງແລ້ວ?

What time is it?

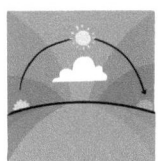

ວັນ

day

ເວລາ

time

ຕອນນີ້

now

ໂມງດິຈິຕອລ

digital watch

ນາທີ

minute

ຊົ່ວໂມງ

hour

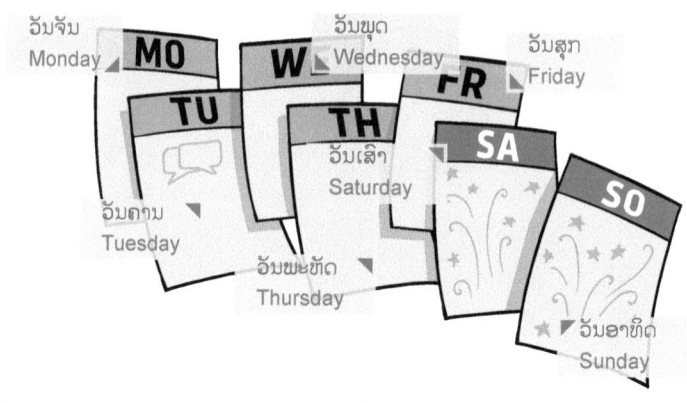

ວັນຈັນ
Monday

ວັນພຸດ
Wednesday

ວັນສຸກ
Friday

ວັນຖາມ
Tuesday

ວັນເສົາ
Saturday

ວັນພະຫັດ
Thursday

ວັນອາທິດ
Sunday

ມື້ວານນີ້

yesterday

ມື້ນີ້

today

ມື້ອື່ນ

tomorrow

ຕອນເຊົ້າ

morning

ຕອນທ່ຽງ

noon

ຕອນແລງ

evening

MO	TU	WE	TH	FR	SA	SU
1	2	3	4	5	6	7
8	9	10	11	12	13	14
15	16	17	18	19	20	21
22	23	24	25	26	27	28
29	30	31	1	2	3	4

ວັນເຮັດວຽກ

workdays

MO	TU	WE	TH	FR	SA	SU
1	2	3	4	5	6	7
8	9	10	11	12	13	14
15	16	17	18	19	20	21
22	23	24	25	26	27	28
29	30	31	1	2	3	4

ທ້າຍສັບປະດາ

weekend

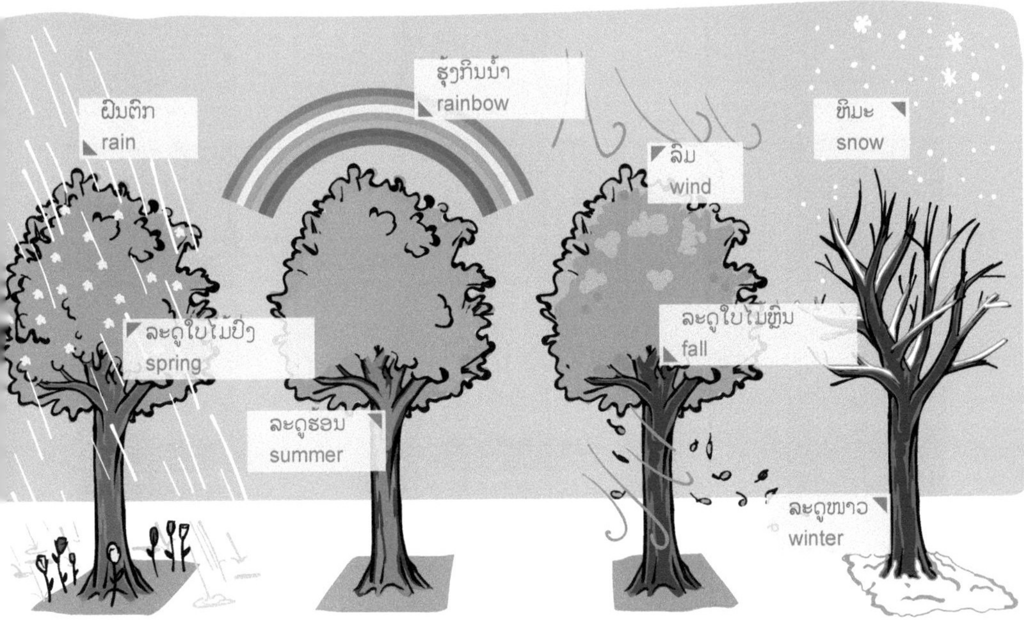

ຮຸ້ງກິນນໍ້າ
rainbow
ຝົນຕົກ
rain
ລົມ
wind
ຫິມະ
snow
ລະດູໃບໄມ້ປົ່ງ
spring
ລະດູໃບໄມ້ຫຼົ່ນ
fall
ລະດູຮ້ອນ
summer
ລະດູໜາວ
winter

4.APRIL 11°
5.APRIL 4°
6.APRIL 13°
7.APRIL 8°
8.APRIL 10°

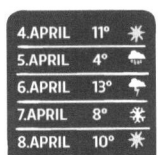

ການພະຍາກອນອາກາດ

weather forecast

F C
120 40
90 30
60 20
30 10
0 0
-30 -10
-20

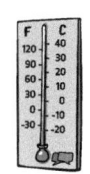

ເຄື່ອງວັດອຸນຫະພູມ

thermometer

ແສງແດດ

sunshine

ຂີ້ເຝື້ອ

cloud

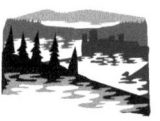

ໝອກ

fog

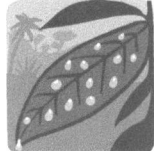

ຄວາມຊຸ່ມ

humidity

ສາຍຟ້າແມບ

lightning

ຟ້າຮ້ອງ

thunder

ພະຍຸ

storm

ໝາກເຫັບ

hail

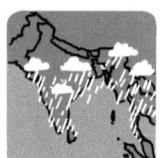

ລົມມໍລະສຸມ

monsoon

ນ້ຳຖ້ວມ

flood

ນ້ຳກ້ອນ

ice

ມັງກອນ

January

ກຸມພາ

February

ມີນາ

March

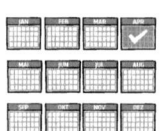

ເມສາ

April

ພຶດສະພາ

May

ມິຖຸນາ

June

ກໍລະກົດ

July

ສິງຫາ

August

ປີ - year

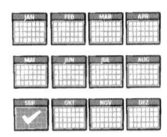

ກັນຍາ

September

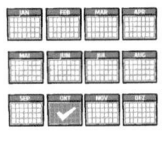

ຕຸລາ

October

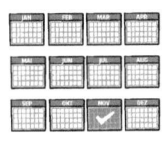

ພະຈິກ

November

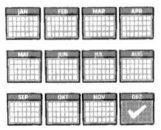

ທັນວາ

December

ວົງມົນ

circle

ສີ່ຫຼ່ຽມ

square

ຮູບສີ່ຫຼ່ຽມມຸມສາກ

rectangle

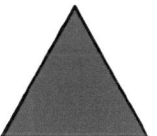

ສາມຫຼ່ຽມ

triangle

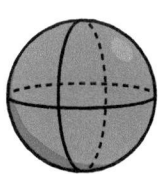

ໜ່ວຍກົມ

sphere

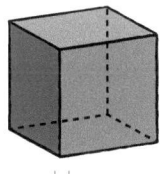

ຮູບສີ່ຫຼ່ຽມມົນທົນ

cube

ສີຂາວ

white

ສີເຫຼືອງ

yellow

ສີສົ້ມ

orange

ສີບົວ

pink

ສີແດງ

red

ສີມ່ວງ

purple

ສີຟ້າ

blue

ສີຂຽວ

green

ສີນ້ຳຕານ

brown

ສີເທົາ

gray

ສີດຳ

black

ຫຼາຍ / ນ້ອຍ

a lot / a little

ໃຈຮ້າຍ / ໃຈເຢັນ

angry / calm

ງາມ / ຂີ້ຮ້າຍ

beautiful / ugly

ການເລີ່ມຕົ້ນ / ການສິ້ນສຸດ

beginning / end

ໃຫຍ່ / ນ້ອຍ

big / small

ແຈ້ງ / ມືດ

bright / dark

ນ້ອງຊາຍຫຼືອ້າຍ /
ນ້ອງສາວຫຼືເອື້ອຍ

brother / sister

ສະອາດ / ເປື້ອນ

clean / dirty

ສຳເລັດ / ບໍ່ສຳເລັດ

complete / incomplete

ກາງວັນ / ກາງຄືນ

day / night

ຕາຍ / ມີຊີວິດ

dead / alive

ກວ້າງ / ແຄບ

wide / narrow

ກິນໄດ້ / ກິນບໍ່ໄດ້

edible / inedible

ຊົ່ວຮ້າຍ / ໃຈດີ

evil / kind

ໜ້າຕື່ນເຕັ້ນ / ໜ້າເບື່ອ

excited / bored

ອ້ວນ / ຈ່ອຍ

fat / thin

ທຳອິດ / ສຸດທ້າຍ

first / last

ເພື່ອນ / ສັດຕູ

friend / enemy

ເຕັມ / ວ່າງເປົ່າ

full / empty

ແຂງ / ນຸ້ມ

hard / soft

ໜັກ / ເບົາ

heavy / light

ຄວາມຫິວ / ຄວາມຫິວນ້ຳ

hunger / thirst

ໄຂ້ / ສຸຂະພາບດີ

ill / healthy

ຜິດກົດໝາຍ / ຖືກກົດໝາຍ

illegal / legal

ສະຫຼາດ / ໂງ່

intelligent / stupid

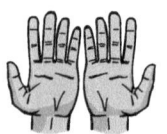

ຊ້າຍ / ຂວາ

left / right

ໃກ້ / ໄກ

near / far

ໃໝ່ / ໃຊ້ແລ້ວ

new / used

ບໍ່ມີຫຍັງ / ບາງສິ່ງບາງຢ່າງ

nothing / something

ແກ່ / ຂຸ່ມ

old / young

ເປີດ / ປິດ

on / off

ເປີດ / ປິດ

open / closed

ງຽບ / ດັງ

quiet / loud

ຮັ່ງມີ / ຍາກຈົນ

rich / poor

ຖືກ / ຜິດ

right / wrong

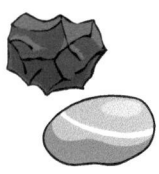

ບໍ່ລຽບ / ລຽບ

rough / smooth

ໂສກເສົ້າ / ດີໃຈ

sad / happy

ສັ້ນ / ຍາວ

short / long

ຊ້າ / ໄວ

slow / fast

ປຽກ / ແຫ້ງ

wet / dry

ອົບອຸ່ນ / ໜາວເຢັນ

warm / cool

ສົງຄາມ / ສັນຕິພາບ

war / peace

numbers

0

ສູນ

zero

1

ໜຶ່ງ

one

2

ສອງ

two

3

ສາມ

three

4

ສີ່

four

5

ຫ້າ

five

6

ຫົກ

six

7

ເຈັດ

seven

8

ແປດ

eight

9

ເກົ້າ

nine

10

ສິບ

ten

11

ສິບເອັດ

eleven

12

ສິບສອງ

twelve

13

ສິບສາມ

thirteen

14

ສິບສີ່

fourteen

15

ສິບຫ້າ

fifteen

16

ສິບຫົກ

sixteen

17

ສິບເຈັດ

seventeen

18

ສິບແປດ

eighteen

19

ສິບເກົ້າ

nineteen

20

ຊາວ

twenty

100

ໜຶ່ງຮ້ອຍ

hundred

1.000

ໜຶ່ງພັນ

thousand

1.000.000

ໜຶ່ງລ້ານ

million

ພາສາອັງກິດ

English

ພາສາອັງກິດແບບອາເມລິກັນ

American English

ພາສາຈິນແມນດາຣິນ

Chinese Mandarin

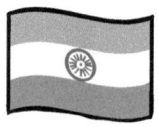

ພາສາຮິນດິ

Hindi

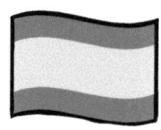

ພາສາສະເປນ

Spanish

ພາສາຝຣັ່ງເສດ

French

ພາສາອາຣັບ

Arabic

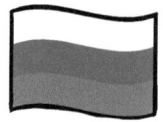

ພາສາຣັດເຊຍ

Russian

ພາສາປ໊ອກຕຸຍການ

Portuguese

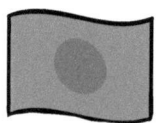

ພາສາແບງກາອລ

Bengali

ພາສາເຍຍລະມັນ

German

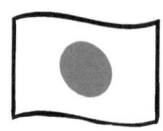

ພາສາຍີ່ປຸ່ນ

Japanese

ຂ້ອຍ

I

ເຈົ້າ

you

♂ ♀ ○

ລາວ (ຜູ້ຊາຍ) / ລາວ (ຜູ້ຍິງ) /
ມັນ

he / she / it

ພວກເຮົາ

we

ພວກເຈົ້າ

you

ພວກເຮົາ

they

ໃຜ?

who?

ແມ່ນຫຍັງ?

what?

ແນວໃດ?

how?

ຢູ່ໃສ?

where?

ເມື່ອໃດ?

when?

ຊື່

name

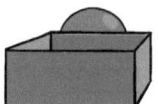

ຢູ່ທາງຫັວ

behind

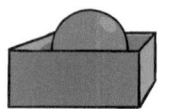

ໃນ

in

ຢູ່ທາງໜ້າ

in front of

ເໜືອກວ່າ

over

ຢູ່ເທິງ

on

ຢູ່ກ້ອງ

under

ທາງຂ້າງ

beside

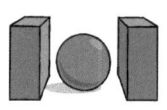

ຢູ່ລະຫວ່າງ

between

ສະຖານທີ່

place